Rudi Altig, Jahrgang 1937, der erfolgreichste deutsche Straßenprofi. Die wichtigsten Erfolge in seiner 12jährigen Profi-Laufbahn waren: WM-Titel 1966, WM-Zweiter 1965, Siege bei Klassikern, 3facher Weltmeister in der Bahnverfolgung und zahlreiche Etappensiege bei der »Tour de France« und »Giro Italia«.

Karl Link, Jahrgang 1942, Diplom-Sportlehrer, hat während seiner aktiven Laufbahn über 200 Siege auf Bahn und Straße errungen. Darunter Olympiasieg 1964 und Silbermedaille 1968 im Bahn-Vierer. Nach seiner aktiven Laufbahn-Tätigkeit als Bundestrainer und Trainer des Radsportverbandes Württemberg.

Bildnachweis:

Zeichnungen: Heinz Bogner, München

Fotos: E. Baumann (2), A. Roth (1), W. Schockhoven (1), K. Kaiser (1), W. Rabanus (1), C. Wahlen (1), R. Monnet (1), Gonso (1), alle übrigen Fotos von Karl Link

Literatur: Link, K.: Radrennsport, Böblingen 1984

Altig, R. – Link, K.

Optimale Radsport-Technik 1:

Grundlagen – sportinform

Originalausgabe

Copyright © sportinform Verlag GmbH Franz Wöllzenmüller

Oberhaching 1986

Printed in Germany 2/1986

Umschlagillustration: Tom Rummonds, Oberhaching

Satz: Filmsatz Schröter GmbH, München

Druck und Bindung: Ebner Ulm

Lektorat: Werner Morawetz

ISBN 3-924557-15-2

1. Auflage

Rudi Altig · Karl Link

Die 10 erfolgreichen Schritte

Optimale Radsport-Technik 2: Für Könner

sportinform

Inhalt

Vorwort

Optimale Radsport-Technik bedeutet sicheren
Umgang mit dem Fahrrad in allen Situationen.
Dabei spielt es keine Rolle, ob sie alleine bzw.
in Gruppen spazierenfahren oder zu Trainings-
zwecken unterwegs sind.

Als Radfahrer müssen Sie sich nicht nur als
einzelner, sondern auch in Grüppchen und
Gruppen mit dem Rad sicher bewegen können, um die volle Konzentration auf das Umfeld (Mitfahrer, Straßenverkehr) richten zu
können.

Konzentration auf das Umfeld wird nicht nur im
Straßenverkehr, sondern bereits bei Fahrten
mit Partnern verlangt, um nicht durch fehler-
hafte Fahrmanöver sich selbst oder andere in
Gefahr zu bringen. Gute Technik auf dem Rad
ist gleichzeitig auch der Grundstein zur ver-
nünftigen Taktik. Dies gilt nicht nur für den
Rennsportler, der sich an Rennsportveranstal-
tungen beteiligt, sondern für jeden ambitionier-
ten Freizeitradler.

In diesem Buch behandeln wir die Technik im
Umgang mit dem Fahrrad und natürlich auch
die dazu gehörenden Taktiken, um dem Leser
die Hilfestellung für ein schnelles Lernerlebnis
zu bieten.

Ambitionierte Freizeitsportler, aktive Rennfahrer und besonders Triathleten können ihre er-
arbeitete Kondition erst richtig sinnvoll einsetzen, wenn sie die Technik des Fahrens in und
mit Gruppen beherrschen und zusätzlich
durch persönliche Erfahrung das taktische
Rüstzeug ausbauen.

Nur wer die Grundtechniken des Radfahrens
als Einzelfahrer und später auch in Gruppen
sicher beherrscht, wer Kenntnisse um die positive oder negative Wirkung des Fahrtwindes,
die Bedeutung der Windrichtung und die Vorteile des Fahrens im Windschatten kennt, ist in

der Lage, sinnvolle taktische Maßnahmen zum persönlichen Erfolgserlebnis einzusetzen.

Vor jedem bewußten Leistungstraining (beim Einstieg in den Radsport) muß ein sinnvolles Grundlagentraining stehen, um das persönliche sportliche Leistungsmaximum zu erreichen.

Wer von Anbeginn an nur das Leistungstraining im Auge hat, ohne diese Grundtechniken zu beherrschen, lernt mit Sicherheit das für ihn mögliche Optimum nicht kennen.

Da die Erlangung von Technik und Taktik im Gruppentraining in vielen Punkten nur bei »zügigem Tempo« möglich ist, entsteht bereits hierbei ein positiver Trainingseffekt.

Nach dem Studium der folgenden Zeilen erhöht sich zwar Ihr Wissen um die Technik/Taktik-Vorgänge, doch sind anschließend noch viele Stunden in der Praxis notwendig, um das Gefühl für das richtige Tempo beim Training mit Partnern zu entwickeln.

Wir wünschen Ihnen viel Erfolg und viele positive, in Ihre Praxis übertragbare Lernerlebnisse.

Ihre
Rudi Altig und Karl Link

1. Schritt
Was ich beachten muß, wenn ich innerhalb einer Freizeitgruppe fahre

1.1 Allgemeine Grundsätze
1.2 Nebeneinander fahren
1.3 Zeichen geben
1.4 Fahrt-Tempo
1.5 Hintereinander fahren
1.6 Überholen
1.7 Checkliste der Hauptfehler

1.1 Allgemeine Grundsätze

Das Bedürfnis des Menschen nach Geselligkeit kommt auch beim Radeln nicht zu kurz, vor allem beim Radeln in Gruppen; dies wegen des gemeinsamen Erlebnisses, aber auch wegen der Unterstützung beim Fahren im gegenseitigen Windschatten.

In Gruppen muß die Leistung aufeinander abgestimmt sein

Allerdings muß auch der Radler in Freizeitgruppen einige Grundgesetze beachten, um neben dem Partner oder innerhalb größerer Gruppen sicher fahren zu können.
Vorrangig muß natürlich auch eine Gruppe die Straßenverkehrsordnung beachten. Diese erlaubt zwar das Fahren in Zweier-Reihe auf Bundesstraßen, jedoch nur ab Gruppengrößen von 15 Personen an aufwärts.
Gruppen haben bei vernünftiger »innerer Ord-

*Eine Freizeitgruppe
unterwegs*

*Radfahrer sollten
Kartenleser sein, um
ruhige Nebenstra-
ßen zu finden*

nung« den Vorteil, einen Schutz gegen »auto-
fahrende Drängler« zu bieten. Leider sind es
ca. 90% aller Autofahrer, die sicherlich gedan-
kenlos einen Radfahrer auch bei Gegenverkehr überholen – und dies nicht nur auf breiten
Straßen.
Sicherer ist es auf jeden Fall, stark befahrene
Straßen (Bundesstraßen) soweit als möglich
zu meiden und auf Nebenstraßen auszuweichen.
Grundsätzlich hat natürlich auch der Radfahrer
Pflichten: Er hat sich auch in Gruppen so zu
verhalten, daß sich eine Gefährdung, sowohl
nach außen (andere Verkehrsteilnehmer) als
auch nach innen (Mitglieder der Gruppe), auf
ein Minimum beschränkt.
Gerade bei unerfahrenen Radlern gibt es viele
kleine, oft aber schmerzhafte Karambolagen,
die durch Unkenntnis und mangelnde Technik
auf dem Rad auch innerhalb Radlergruppen
entstehen.
Bereits geringste technische und taktische
Verhaltensregeln, richtig angewandt, können
diese Probleme abbauen helfen.

1.2 Nebeneinander fahren

Material: Beim Nebeneinanderfahren können Gefahren entstehen, wenn nur einer oder gar beide Partner mit einem Tourenlenker fahren. Durch die seitlich herausragenden Lenkerenden ist die Gefahr des »Einhakens« nicht zu unterschätzen. Bei jeder Berührung entsteht ein kleiner Ruck mit sofortigem unfreiwilligen Lenkeinschlag, der den Fahrer zu Fall bringen kann.

Partner mit jeweils Rennlenkern fahren auf gleicher Höhe

Problemloser läßt sich nebeneinander fahren, wenn beide Partner Räder mit Rennlenkern benutzen. Durch die relativ große Fläche der nach unten reichenden Lenkerbögen wird das Risiko des »Verhakens« gemindert.

Partner mit Sportlenkern fahren seitlich versetzt zueinander

Bei Rädern mit Tourenlenkern dagegen ist es günstiger, stets leicht versetzt zueinander zu fahren, um einer Lenkerberührung aus dem Wege zu gehen.

Fahrlinie: Fahren Partner nebeneinander, so sollten sie so dicht wie möglich nebeneinander fahren, um nicht zu viel Straßenraum zu beanspruchen.

In Zweier-Reihe so dicht wie möglich nebeneinander fahren

Die Fahrlinie bestimmt der Fahrer, der am rechten Straßenrand fährt.

Der auf der linken Seite fahrende Partner hat mehr Möglichkeiten zum Ausweichen (Fluchtraum) und muß demzufolge dem rechts fahrenden Partner mehr Raum für Ausweichmanöver lassen.

Der rechts Fahrende hält grundsätzlich einen Sicherheitsabstand von 60–80 cm zum Straßenrand

Der an der rechten Straßenseite fahrende Partner sollte stets einen Sicherheitsabstand zum rechten Straßenrand von ca. 80 cm einhalten. Dieser Abstand bringt »Fluchtraum-Reserven«. Gleichzeitig ist damit eine direkte Fahrlinie möglich. Es entfallen die sonst stets notwendigen Ausweichmanöver wegen Schachtdeckeln und Straßenverunreinigung. Auftauchende Hindernisse (z. B. parkende Au-

*K. Link unterwegs
mit einer Freizeit-
gruppe*

*Auftretende Hinder-
nisse sind grund-
sätzlich in langem
Bogen zu umfahren*

tos) müssen grundsätzlich in langem Bogen
umfahren werden. Dies bedeutet, daß der
Führende selbst bei gemütlichem Tempo wenigstens 40 m vor dem Hindernis die »neue«
Richtung einleiten muß. Jeder Richtungsänderung muß ein Blickkontakt nach hinten voraus-
gehen, um sicher zu sein, daß die Straße auch
frei ist.
Wenigstens 5 m vor dem Hindernis sollte die
Richtungsänderung abgeschlossen sein.
Durch den allmählichen Richtungswechsel

können sich sowohl die Partner als auch die nachfolgenden Autofahrer leichter auf die sich ändernde Fahrlinie des oder der Radler einstellen. Mögliche Komplikationen verringern sich dadurch auf ein Minimum. Dazu gehört natürlich auch, daß sich die Partner an der Spitze und auch die weiteren Mitfahrer durch Zurufe und Handzeichen über die Fahrlinien-Änderungen verständigen.

Nach Möglichkeit nicht vom Autofahrer oder Partner einklemmen lassen

Fährt ein Radler aus übertriebener Vorsicht zu weit geradeaus auf ein Hindernis zu, reagiert der Autofahrer in der Regel nicht mehr und klemmt meist den Radler vor dem auftauchenden »Hindernis« ein. Als Folge muß der Radler stark abbremsen!

Solche »Zwangs-Stops« können innerhalb von Gruppen Komplikationen herbeiführen, welche meist zu »Auffahrunfällen« innerhalb der Gruppen führen.

1.3   Zeichen geben

Nicht nur beim Umfahren von Autos oder vor Kreuzungen sind Zeichen für die Nachfolgenden erforderlich.

Oftmals liegen größere Steine auf der Straße oder – besonders in Ortschaften – stehen Kanaldeckel nach oben oder Schlaglöcher tun sich auf.

Vor Richtungsänderungen zuerst die Partner informieren

Alle diese »Radlerfallen« müssen die Führungsfahrer möglichst frühzeitig erkennen und mittels Zeichen und Zurufen die Partner davor warnen.

Trotzdem müssen sich auch die einzelnen Gruppenmitglieder stets über die aktuelle Situation auf der Straße informieren.

● Die Führenden weichen möglichst frühzeitig auf eine andere Fahrlinie aus, deuten gleichzeitig mit der Hand auf das Hindernis und

Hinweise vor Hindernissen stets durch Handzeichen und Zurufe

rufen zusätzlich diesen Gegenstand aus (z. B. »Auto rechts«).

Bei der Fahrlinienänderung um ein Auto winkt der Fahrer mit der rechten Hand nach hinten bei schräg nach unten gestrecktem Arm.

Fixe Gegenstände auf der Straße (Steine, Schlaglöcher, Schachtdeckel etc.) werden durch die nach unten zeigende Hand lokalisiert. Zeigt die Hand nach links, führt die Fahrtrichtung rechts am Objekt vorbei.

Eine Gruppe muß ein Hindernis grundsätzlich langfristig umfahren – die Fahrer müssen sich gegenseitig informieren

Muß die Gruppe anhalten, weist ein Arm des Führenden nach oben.

Bei Verlangsamung des Tempos und folgender Richtungsänderung zeigt der angewinkelte Arm nach oben/außen.

12

1.4 Fahrt-Tempo

In der Gruppe ein konstantes Tempo halten

Wenn Radfahrer in einer Gruppe gemeinsam radeln, ist es wichtig, das einmal eingeschlagene Tempo nicht zu wechseln.

Eine Tempoverschärfung ist zwar ungefährlicher als eine Verlangsamung, bringt aber Unruhe in die gesamte Gruppe.

Ist eine Verlangsamung nicht zu umgehen, so sind selbstverständlich Zeichen frühzeitig zu geben.

Der Führende aber muß sich selbst so in der Gewalt haben, ein möglichst gleichbleibendes Tempo zu fahren.

Beim Positionswechsel (stehen/sitzen) in der Gruppe stets langsam aufstehen (das Rad nicht nach hinten »schieben«)

Wird es notwendig, aus dem Sattel zu gehen, so darf dies nur ganz allmählich erfolgen. Bei einem plötzlichen Aufstehen verlangsamt der Fahrer üblicherweise das Tempo seines Rades, da er beim Aufstehen nach vorne/oben kurzzeitig das Rad nach hinten drückt (verlangsamt). Ein dicht auffahrender Hintermann kann bei einem solchen Manöver, besonders an Steigungen, leicht in das ihm »entgegenkommende« Hinterrad hineinfahren und zu Fall kommen.

Führungswechsel: Durch kurzfristige Beschleunigung von der Spitze lösen

Wollen Sie aus der Führungsposition gehen, kann dies nur durch Aufrechterhaltung des Tempos, besser durch kurzfristige Tempoverschärfung und Richtungsänderung erfolgen. Auf keinen Fall dürfen Sie bei noch bestehendem Kontakt zur Gruppe Ihr Tempo verlangsamen und gleichzeitig die Richtung ändern. Beim Ausscheren ist wichtig, daß Sie erst dann das Tempo reduzieren, wenn kein Fahrer mehr am Hinterrad fährt.

1.5 Hintereinander fahren

Innerhalb einer Gruppe so wenig wie möglich bremsen

Auch dem in einer Freizeitgruppe fahrenden Radler muß bewußt sein, daß er das von dem Führenden vorgegebene Tempo mitfahren muß. Er kann zwar langsamer werden, wenn ihm das eingeschlagene Tempo zu schnell ist. Auf keinen Fall darf er innerhalb der Gruppe unangesagt bremsen oder gar eine deutliche Richtungsänderung ausführen.

Ein Lösen aus der Gruppe ist nur unter Beibehaltung der eingeschlagenen Geschwindigkeit, deutlichen Zeichen und allmählicher, für die anderen deutlich erkennbarer Richtungsänderung möglich.

Auch am Hinterrad muß der »Mitfahrer« stets Sicht nach vorne haben

● Für jedes Gruppenmitglied ist es von Vorteil, stets eine Fahrlinie hinter dem Vordermann zu wählen, die selbst noch einen Blick auf die Fahrbahn – auch vor dem Vordermann – freigibt.

Deshalb sollten Sie seitlich leicht versetzt hinter Ihrem Vordermann fahren.

Je sicherer Sie sich fühlen, um so dichter können Sie hinter Ihrem Vordermann herfahren.

Gegenüber Anfängern und Kindern ist erhöhte Sorgfalt erforderlich

● Auf keinen Fall darf innerhalb einer größeren Gruppe ein nicht angezeigtes oder ausgerufenes Bremsmanöver stattfinden. Die Folgen einer Nichtbeachtung dieser Regel können gefährlich sein.

Ist eine Verlangsamung nicht mehr zu umgehen, zuerst seitlich neben dem Vordermann »auflaufen« und gleichzeitig abbremsen.

Sind Sie mit Anfängern und Kindern unterwegs, sollten Sie Ihre Sorgfalt erhöhen, da diese aus Unkenntnis der möglichen Gefahren zu überraschenden Manövern neigen.

Grundsätzlich müssen Sie sich als Radfahrer, besonders innerhalb Gruppen, vor jeder Richtungsänderung erst nach hinten orientieren. Ihrer eigenen Sicherheit zuliebe dürfen Sie erst agieren, wenn genügend Freiraum vorhanden ist.

1.6 Überholen

Freizeitgruppe mit typischem Anfängerverhalten: Zu viele fahren in Dreier- und Vierer-Reihe oder Partner halten zu großen Abstand (seitlich wie auch nach vorne)

Freizeitgruppen auf »Erlebnistour« lassen sich nicht so organisieren wie Gruppen von leistungsorientierten Freizeitsportlern oder Rennfahrern.

In »Ausflugsgruppen« ist es nicht üblich, durch regelmäßige Führungswechsel an der Spitze das Gruppentempo hoch zu halten. Ebenso bleiben die Partner während der Fahrt nicht ständig beieinander.

● Will sich der Führende einer solchen Gruppe von der Spitze zurückfallen lassen, muß er vorne sein Tempo kurzfristig erhöhen, um sich nach außen aus der Gruppe zu lösen.

Auch in »Ausflugsgruppen« die Partner nur bei freier Straße überholen

Dies kann nur erfolgen, wenn die Straße sowohl von hinten als auch von vorne frei von weiteren Verkehrsteilnehmern ist.

Überholt bereits ein vorausfahrender Mitfahrer, so ist es günstiger, hinter diesem zu bleiben, um die Gruppe nicht unnötig zu »verbreitern«.

Sie können dabei »mitfahren« oder erst nach dessen abgeschlossenem Überholvorgang selbst aktiv werden.

1.7 Check-Liste der Hauptfehler

Fehler	Warum	Lösung
Wir trauen uns nicht, dicht nebeneinander zu fahren	Die Lenkerenden könnten sich verhaken	Fahren Sie seitlich geringfügig zueinander versetzt, dann können sich die Lenker nicht verhaken
Vor jedem parkenden Auto muß ich abbremsen	Sie fahren zu dicht auf dieses Hindernis auf	Frühzeitig ausscheren, natürlich zuvor nach hinten sichern
In der Gruppe muß ich dauernd bremsen	Das Gruppentempo ist nicht gleichmäßig	Jeder »Mitfahrer« muß auf gleichbleibendes Tempo achten

2. Schritt
Was muß ich beim Training mit Partnern beachten?

2.1 Allgemeine Grundsätze

Nicht nur der Geselligkeit wegen, sondern auch aus »Luft-Strömungsgründen« bringt das Fahren mit einem Partner Vorteile. Vereinte Anstrengung gegen die »Mauer« des Luftwiderstandes ermöglicht höhere Dauergeschwindigkeiten bei rationellster Kraft-Auslastung der Partner.

Auf dem Fahrrad sind bei 20 km/h ca. 0,1 PS und bei 50 km/h bereits 0,6 PS an Leistung notwendig

Mit zunehmenden Geschwindigkeiten nimmt der Windwiderstand auf einen Radfahrer gewaltig zu: Bei Geschwindigkeiten von etwa 20–25 km/h sind ca. 0,1 PS an Kraft aufzubringen. Bereits bei 40 km/h steigt der Aufwand auf 0,35 PS und bei 50 km/h muß er gar 0,6 PS aufwenden.

Im Windschatten ist ein deutlich verringerter Kraftaufwand erforderlich

Bei Gruppenfahrten und erhöhtem Tempo muß jeweils der augenblicklich Führende diese Leistung in fast vollem Umfang aufbringen. Im Windschatten dagegen ist auf ebener Strecke ein bis über 30% verminderter Krafteinsatz möglich.

Partner am Hinterrad verhindern, daß vom Führenden die volle Leistung zu erbringen ist. Der beim alleine fahrenden Radfahrer entstehende Sog in dessen Rücken wird in der Gruppe durch die Partner durchbrochen. Somit übernehmen auch die Partner trotz »Hinterrad fahren« einen geringen Teil an Führungsaufgaben. Je dichter die Partner hintereinander fahren können, um so weniger Kraft brauchen sie bzw. um so länger können sie mit erhöhtem Tempo fahren.

Am Hinterrad des Führenden durchbrechen die Partner einen Teil der Sogwirkung für den Führenden, der damit nicht mehr die volle Kraft einsetzen muß

Allerdings kommt es innerhalb von Gruppen immer wieder zu Komplikationen. Diese entstehen durch Unkenntnis einzelner Teilnehmer. Folge davon ist, daß gerade Gruppen mit Unerfahrenen öfter von Stürzen durch »Auffahren auf den Vordermann« betroffen sind.

Eine Gruppe fährt um so kraftschonender, je mehr die eingeschlagene Geschwindigkeit erhalten bleibt

● In Gruppen ist es erforderlich, daß schon aus Sicherheitsgründen das Grundtempo nicht zu sehr differieren darf. Voraussetzung ist dabei die Anpassung der eigenen Leistung an die der Partner.

Gibt es zu große Leistungsunterschiede, läßt sich ein einheitliches Tempo nur durch unterschiedlich lange Führungsdauer halten. Ungeduld ist der größte Feind eines einheitlichen Gruppentempos: Durch kurzfristige Temposteigerungen ist absolut nichts zu erreichen. Der oder die Partner bauen durch solche Sonderaktionen physisch vorzeitig ab und werden im Laufe der Zeit nur noch zum lästigen Anhängsel.

In Gruppen führen Temposteigerungen nur einzelner Fahrer zum Leistungsverfall der Gruppe

2.2 Führungsverhalten

Fahrlinie: Bereits in der Zweiergruppe wird eine entsprechende Umsicht des Führenden notwendig. Dieser muß so weit wie möglich vorausschauend fahren, um Hindernisse jeder Art (vom Auto bis hin zum Schlagloch) frühzeitig zu erkennen und durch entsprechende Richtungsänderungen so zu umfahren, daß auch die Partner nicht in Schwierigkeiten geraten.

Der mitfahrende Partner soll Zeit haben, sich auf diese Wechsel einzustellen.

Um sicher in der Gruppe zu fahren, müssen Partner frühzeitig von Richtungsänderungen erfahren

● Fehlerhaft wäre in einem solchen Fall, erst kurz vor Hindernissen mittels einer »Welle« (schnelle Ausweichbewegung durch kurzfristiges Verlassen der Fahrlinie) auszuweichen. Der am Hinterrad fahrende Partner hat bei solchen Manövern kaum eine Chance zu reagieren. Die Folge könnte sein, daß dieser zu Fall kommt.

Der Führende muß allerdings bei der Wahl seiner Fahrlinie sehr gut aufpassen, denn tatsächlich sind z. B. Schlaglöcher oftmals nur sehr spät zu erkennen.

Führung übernehmen: Gruppen sind nur so stark wie deren schwächste Teilnehmer, gleichzeitig aber auch nur so stark, wie es das taktische Verständnis der Mitfahrer in den jeweiligen Rollen zuläßt.

Die häufigsten Tempowechsel – ob gewollt oder ungewollt – entstehen bei Führungswechseln.

Gruppen sind nur so stark wie der schwächste Teilnehmer

Der aus dem Windschatten kommende Fahrer wird mit dem sich schlagartig verändernden Winddruck konfrontiert, der ihn in vielen Fällen zu Fehlleistungen verleitet.

● Hauptfehler ist dabei, daß der neue Spitzen-Fahrer zu schnell wird, da er den Übergang aus dem Windschatten in den Wind nicht genau dosieren kann.

Temposchwankungen treten am häufigsten bei Führungswechseln auf

Andere wiederum machen den Fehler zu verlangsamen, da sie zu wenig Druck in der Führungsposition auf die Pedale bringen.

Beide Fehler sind langfristig nur durch bewußtes Beachten der Trittfrequenz sowohl beim Fahren am Hinterrad als auch an der Spitze abzubauen. Kommen Sie an die Führung, muß Ihre Trittfrequenz möglichst gleich bleiben. Einzig Ihr Kraftaufwand wird größer.

Da sich der Wind-Druck auf den Körper des Rennfahrers bei Führungswechsel ändert, orientiert sich dieser an seiner Trittgeschwindigkeit

Sowie ein neuer Führungs-Fahrer zu stark beschleunigt, muß dessen Partner in gleicher Intensität mitbeschleunigen, um im Windschatten zu bleiben.

Da der Partner vom »Führen« etwas ermüdet ist, tut ihm ein solcher Geschwindigkeitswechsel besonders weh. Zusätzlich verkürzt sich für ihn die Erholungszeit am Hinterrad.

Fahrttempo: Während der Führung muß selbstverständlich das Tempo einheitlich bleiben. Ist dem Führenden das vorgegebene Tempo durch den ehemaligen Vordermann zu langsam, so kann er dies mittels einer allmählichen Steigerung ändern.

Ist das Grundtempo zu langsam, ist dies nur mit einer allmählichen, längerfristigen Temposteigerung zu verbessern

Auf keinen Fall darf eine kurzfristige Steigerung erfolgen. Diese würde die Partner zu stark belasten.

Das Tempo an der Spitze soll stets so hoch sein, daß die Hinterleute nicht »auflaufen«

● Verändert sich während der Führung die Topographie, so ist eine Anpassung an diese äußeren Umstände erforderlich:
An flachen Steigungen soll das Tempo gleichbleiben. Werden diese im Laufe der Zeit steiler, so verringert der Fahrer an der Spitze seine Geschwindigkeit ebenso allmählich.
Auf Gefällstrecken muß er dagegen das Tempo deutlich erhöhen.
Sowie sich das Tempo erhöht, verkürzt sich die Führungsdauer.

2.3 Fahren am Hinterrad

Mit wenig Technik und viel »roher Kraft« ist im Radsport relativ viel auszurichten – auch beim Fahren in einer Gruppe. Doch auch diese »Kraft« läßt vorzeitig nach, während Techniker mit ähnlicher Leistungsfähigkeit noch viele Reserven haben. Deshalb sollte der Leistungsträger einer Gruppe ein guter Techniker sein, um Schwächeren Hilfestellung zu leisten. Nur bei sauberer Fahrlinie des Vordermannes kann ein Mitfahrer Kraft sparen, die später bei der Führung an der Spitze voll einzusetzen ist.
In Spitzenbereichen kann ein schwacher Techniker allerdings nicht lange mithalten.

Gleichmäßiges Gruppentempo garantiert den Teilnehmern gute Regenerationsmöglichkeit am Hinterrad

Nie im Windschatten auf das Hinterrad des Vordermannes schauen

● Windschattenfahren muß Erholung und nicht weitere, zusätzliche Arbeit sein.
Der Anfänger hat natürliche Hemmungen, dicht an das Hinterrad des Vordermannes heranzufahren. Er muß sich regelrecht durch viel Übung an dieses Hinterrad herantasten: Er beginnt damit, seinen Blick nicht auf das Hinterrad des Vordermannes zu richten, sondern er wählt eine Fahrlinie, die nur wenige Zentimeter neben der des Vordermannes liegt. In der Anfangsphase ist es dabei unerheblich, ob der Übende versetzt auf der Wind- oder der Windschattenseite fährt. Wichtiger ist, das Ge-

fühl zu entwickeln, so nahe wie möglich am Vordermann fahren zu können.

Der Hintermann muß zur Vorderradnabe des Führenden schauen. Reicht der Blick gerade über die Bremse, so ist fast noch zu viel Abstand. Dieser ist richtig, wenn der Blick zwischen Sattel und Bremse zur Vorderradnabe reicht

● Der Blickwinkel sollte sich dabei stets auf die Vorderradnabe richten – auf keinen Fall auf das Hinterrad. Durch den Blick auf das Vorderrad, gerade über der Bremse des Vordermannes, besteht immer noch ein Abstand von über 1 m.

Optimal ist es, so dicht wie möglich zum Vordermann aufzufahren. In direkter Linie hinter dem Vordermann sollte dabei der Abstand zwischen den Laufrädern nur noch 10–15 cm betragen. Ihr Blick sollte sich dabei auf die Vorderradnabe Ihres Vordermannes richten – auf eine Linie Sattelstütz-Arrettierung/Vorderradnabe. Je nach eigener Körpergröße und der des Vordermannes kann der Blickwinkel knapp über oder unter dem Klemmbolzen liegen.

Eine Korrektur des Abstands ist bei Blick auf die Nabe und seitlich versetzter Fahrlinie möglich

● Wichtig ist, stets seitlich versetzt zu fahren, um bei einem evtl. Geschwindigkeitswechsel nicht sofort bremsen zu müssen. Hier genügt das Rad rollen zu lassen (Druck vom Pedal nehmen oder Tretbewegung vorübergehend einstellen).

Nach Möglichkeit nie auf der direkten Linie des Vordermannes fahren, sondern geringfügig seitlich versetzt

Der erfahrene Radsportler schaut während der Fahrt am Hinterrad nur noch gelegentlich auf den Fixpunkt der Vorderradnabe. Er wählt eine Fahrlinie stets seitlich hinter dem Vordermann, schaut auf/über dessen Schulter und hat somit gleichzeitig das übrige Verkehrsgeschehen im Blickwinkel.

Erfahrene Fahrer suchen ihre Fixpunkte für ein exaktes Hinterradfahren am Becken oder an der Schulter des Vordermannes

Dies sollte natürlich auch das Anfängerziel sein, denn nur wer Blickkontakt zum laufenden Straßenverkehr hat, ist in der Lage, evtl. Gefahren frühzeitig zu erkennen. Ein Sportler, der konditionell abgebaut hat, ist zu einem solchen weiträumigen Sehen kaum mehr in der Lage. Er ist logischerweise demnach auch stärker gefährdet (Sturzgefahr).

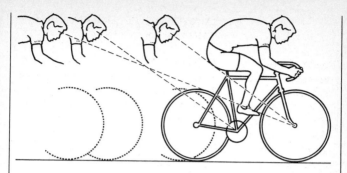

Zeichnung oben: Blickwinkel am Hinterrad – Entfernung unten: 1,02–1,5 m oben: 0,10–0,20 m

Rudi Altig demonstriert im Windschatten von Hennes Junkermann das Fahren am Hinterrad. Seine Augen blicken auf die Vorderradnabe.

Bei Sportveranstaltungen treten diese Stürze häufig in der Endphase auf, in der die physische Leistungsfähigkeit bei allen Teilnehmern reduziert ist. Je besser die Sportler trainiert sind, um so geringer wird dieses Risiko.

Fahren im Windschatten: Beherrschen Sie die Hinterradtechnik einigermaßen, beginnt der nächste Schritt, den idealen Windschatten zu finden.
Oftmals ist es selbst für den am Hinterrad Fahrenden nicht auf Anhieb auszumachen, aus welcher Richtung der Wind kommt.

links:
Hinterradfahren:
Standard-Form –
Gegenwind leicht
versetzt und ca. 30–
40 cm Abstand

rechts:
Bei der angegebe-
nen Windrichtung
Aufrücken des Hin-
termannes

unten links:
Fahrlinie bei Rük-
kenwind

unten rechts:
Starker Seitenwind

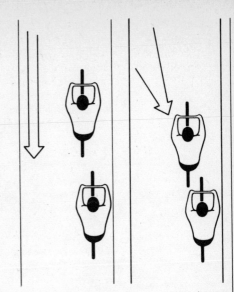

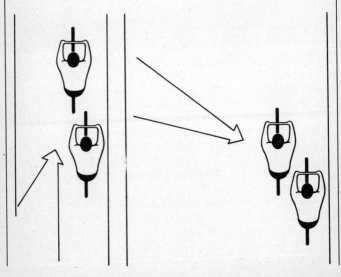

24

Der ideale Wind-
schatten ist durch
Fahrlinienwechsel
am Hinterrad zu
finden

Hierzu haben Sie die Möglichkeit, durch Fahrlinienwechsel hinter dem Führenden die ideale Position zu suchen. Sie müssen dabei so lange probieren bis Sie glauben, den richtigen Winkel erreicht zu haben.

Der ideale Wind-
schatten ist erreicht,
wenn der Wind um
das Gesicht von hin-
ten kommt

● Sie haben ihn erreicht, wenn Sie das Gefühl haben, daß der Wind in Höhe Ihres Kopfes von hinten zu kommen scheint.
Wenig Probleme haben Sie bei starkem Wind. Dann brauchen Sie die Fahrlinie nur geringfügig zu verändern. Schwieriger wird es bei schwachem Wind, wo die Windrichtung nicht sofort exakt zu bestimmen ist.

Friedhelm Klenner
am Hinterrad von
Karl Link – der Wind
kommt von links

Bremsen: Bei Gruppenfahrten gilt als oberstes Gesetz, so wenig wie möglich zu bremsen. Jede Bremsung bringt Unruhe in die

Bei Tempominderung nicht sofort bremsen, sondern zuerst seitlich am Vordermann vorbeifahren

Gruppe. Zusätzliche Kraft wird zudem bei der anschließenden Beschleunigung erforderlich. Deshalb sollten Temposchwankungen nur durch »Auflaufen« zum Vordermann aufgefangen werden.
Dies hat gleichzeitig den Vorteil, daß die gesamte Gruppe ruhiger läuft. Bremst dagegen ein Fahrer unmotiviert, so kommt es regelmäßig hinter ihm zu Komplikationen.

Das Tempo bei Verlangsamung durch durch »rollen lassen« verringern – die Bremsen so wenig als möglich einsetzen

● Ist ein Bremsen nicht zu vermeiden, sollte dies nur gefühlvoll erfolgen. Vollbremsungen sollten in einer Gruppe nicht vorkommen. Sie sind weitgehend vermeidbar, indem alle Gruppenmitglieder das weitere Verkehrsgeschehen selbst beobachten und sich nicht nur auf die Führenden verlassen.

2.4 Arm- und Körperkontakte während der Fahrt

Nicht nur im Eifer des Wettkampfes kommt es zu Körperberührungen zwischen Radsportlern. Dies kommt auch in Gruppen vor, wo dicht nebeneinander hergefahren wird.
Je enger Partner nebeneinander fahren können, je weniger Windverwirbelungen haben sie zwischen sich. Dabei bleibt natürlich nicht aus, daß Körper- oder Materialberührungen entstehen.
Diese Kontakte muß der Ungeübte mit einem Partner bewußt üben, um für den »Ernstfall« gewappnet zu sein.

Schulterkontakt: Berühren sich die Schultern der Partner, genügt es, mit dem Ellbogen gegen den des Partners zu drücken und gleichzeitig das Gewicht vom Partner weg (nach außen) zu verlagern, d. h. vom Partner »wegzukippen«.

Bei Körperkontakt mit dem Ellbogen den Partner wegschieben

Meist reicht es bereits, die Arme zu fixieren, um sich vom Partner zu lösen.

Berühren sich die Lenker, dann zur Seite vom Partner wegkippen

Lenkerkontakt: In einem solchen Falle müssen Sie geradeaus weiterfahren (Lenker festhalten, nicht bewegen), gleichzeitig den Armkontakt zum Partner suchen. Erst wenn beide Lenker frei sind (nicht verhakt), seitlich vom Partner wegkippen (Welle).

Bei unterschiedlichen Rahmengrößen können sich die Lenker verhaken: In diesem Fall müssen beide Partner geradeaus fahren, besser noch weiter aufeinander zusteuern. Derjenige, der den Lenker vorne hat, beschleunigt geringfügig, während der andere aufhört zu treten (*nicht* bremsen). Erst wenn die Lenker frei sind, durch seitliches Auseinanderkippen lösen. Dieser Gefahr kann man begegnen, wenn unterschiedlich große Partner stets darauf achten, direkt nebeneinander zu fahren (beide Lenker auf gleicher Höhe).

Verhaken sich die Lenker, muß der Vordere beschleunigen, ehe die Richtungsänderung bei der Fahrer einsetzt

27

2.5 Laufradkontakte

Bei Körper- oder Laufradkontakt nicht in Panik ausbrechen

Laufradkontakte sind ebenfalls in einer »Reihe« nicht immer zu vermeiden. Besonders bei hohem Tempo und zunehmender Ermüdung können diese »Kontakte« auftreten.
Natürlich wäre Panik auch in einem solchen Fall die verkehrte Reaktion. Bei Panik »steuert« nämlich der Betroffene genau gegen des Vordermannes Hinterrad. Im Moment des Freikommens fällt dann der Betroffene in den »leeren Raum«, da er sein Gewicht bereits zu weit auf diese Seite verlagert hat.

● Richtig ist vielmehr, das Gewicht auf die »freie Seite«, also weg vom Hinterrad, zu verlagern (vom Vordermann wegkippen) und somit problemlos frei zu kommen.

Laufradkontakt

28

Bei Laufradkontakt grundsätzlich vom Vordermann wegkippen

Im Partner-Training erfordert dies natürlich einigen Mut. Es ist aber tatsächlich erlernbar! Der Führende muß dabei unbedingt geradeaus fahren und sollte von der Absicht des Übenden wissen. Die Fahrlinie verläuft dabei ca. 1–1,5 m vom Straßenrand, damit der Übende genügend »Fluchtraum« zur Verfügung hat (möglichst verkehrsfreie Straßen). Die Hände des »Übenden« greifen während der gesamten Zeit in der Unterlenkerbeuge, um gut reagieren zu können. Erst wenn genügend Sicherheit da ist, können die Hände auch auf den Oberlenkerholmen liegen.
Der am Hinterrad Fahrende »tastet« sich nun regelrecht an dieses heran. Günstig ist, die letzten Zentimeter im »Schwung« zu nehmen und sofort wieder wegzukippen (anfangs großes Herzklopfen!!). Mit zunehmender Sicherheit können Sie dann immer länger am Rad des Vordermannes »feilen«.

2.6 Sicherheitsübungen spielend erlernen

Sichere Rennfahrer ärgern gerne ihre Partner mit einigen der o. a. Sicherheitsübungen. Natürlich sind dies für den Fahrer gleichzeitig Tests, den »Ernstfall« zu üben.

Lenkerkontakte: Hält ein Fahrer in der Reihe – meist bei gemächlichem Tempo und sicherer Geradeausfahrt – seine Hände an den Bremsgriffen, so schlägt der Partner durch kurzzeitige Lenkerdrehung nach den Händen.
Dies geht jedoch nur bei Partnern, die gleichauf fahren.

Körperkontakte: Fährt ein Partner mit sehr breiter Armhaltung, so kommt auch in einem solchen Falle sicher ein anderer, der mit dem eigenen Ellbogen nach dem Arm des Partners schlägt. Dies zeigt allerdings auch dem »Ellbogenaussteller«, daß es günstiger (auch aerodynamischer) ist, die Arme parallel zueinander zu halten.

Körper- oder Laufradkontakte sind durch Spielformen erlernbar

Japanische Keirin-Fahrer achten z. B. ständig darauf, daß sie ihre Arme beugen. Würden sie es nicht machen, käme binnen kürzester Frist ein »Partner« auf die Idee, mit dem kurz und knackig ausgestellten Knie nach dem Arm des daneben Fahrenden zu schlagen!

Da bei Keirin-Rennen die neun Fahrer umfassenden Felder dicht geschlossen fahren, ist die »Armbeugung« absolut »lebenswichtig«.

Laufradkontakte: Durch kurzes Touchieren des Hinterrades wird so mancher Vordermann zur »Konzentration« zurückgerufen. Tatsächlich erschreckt sich ein Fahrer sehr, vor allem, wenn er vorne in angeregter Unterhaltung ist.

2.7 Checkliste der Hauptfehler

Fehler	Warum	Lösung
Vor einem Hindernis wird eine »Welle« notwendig	der Führende erkannte das Hindernis zu spät	auch der Hintermann muß »vorausschauend« fahren Der Führende muß das Hindernis anzeigen und ansagen
Nach jeder Ablösung wird ein Sprint beim Anschlußnehmen erforderlich	a) entweder selbst zu viel Tempo weggenommen b) der neue Führungsfahrer zu stark beschleunigt	a) nur kurz Druck vom Pedal nehmen, damit das Tempo nicht zu stark abfällt b) bei Führungsübernahme nur auf die Trittgeschwindigkeit achten

Fehler	Warum	Lösung
Der Partner am Hinterrad muß dauernd bremsen	die Fahrlinie liegt zu direkt auf der des Vordermannes	grundsätzlich seitlich versetzt hinter dem Vordermann fahren – so besteht die Möglichkeit zum »Auflaufen«
Der Partner im Windschatten erkennt nicht, wenn der Führende ablösen will	Führender: fährt zu langsam in die Ablöserichtung	grundsätzlich einen deutlichen Richtungswechsel vornehmen
	Fahrer am Hinterrad: achtet zu wenig auf die Fahrlinie	nicht nur auf das Hinterrad schauen
An der Kreuzung fährt der Hintermann in den Vordermann	zu stark gebremst, ohne entsprechende Hinweise	zuerst Hinweis und Zeichen geben, dann erst abbremsen
Der auf der rechten Seite fahrende Fahrer weicht zu weit nach rechts aus und nimmt so jedes »Loch« mit	der rechte Fahrer läßt sich abdrängen	der rechte Fahrer muß ca. 60–80 cm vom Straßenrand entfernt fahren
Ein Fahrer erkennt am Hinterrad die Windrichtung nicht	er ist zu weit hinter dem Vordermann	nur wenn kaum mehr Abstand zwischen den beiden besteht, ist die Strömungsrichtung erkennbar
Ein Fahrer ist der Meinung, nur durch ständiges Tempomachen die Gruppe »nach Hause« zu bringen	die Partner sind zu schwach und ermüden zusätzlich durch diese Steigerungen	bei schwächeren Partnern grundsätzlich keine bzw. kaum Temposteigerungen durchführen – lieber die Führung verlängern

3. Schritt
Techniken der Einzelreihe

3.1 Allgemeine Grundsätze

Wo sportlich motivierte Radfahrer aufeinander-
treffen, bietet sich der Zusammenschluß zu
Gruppen förmlich an. Dies um so mehr, da im
Windschatten weit weniger Kraft notwendig,
ebenso an der Spitze ein höheres Tempo
möglich ist.
Deshalb finden sich vom Freizeit- bis zum
Wettkampfsport stets die Standard-Formen
der Gruppenformationen in unterschiedlichen
Ausführungen.

● Ein engagierter Radsportler muß die
Grundtechnik der »Reihe« beherrschen, will er

In dieser Einzel-Reihe im Wettkampf der Profis schauen die Teilnehmer hinter Rudi Altig nur noch über/auf den Rücken ihres Vordermannes

Ein hohes Gruppentempo ist nur bei guter Technik der Teilnehmer erreichbar

Die Fahrlinie der Gruppe darf so wenig wie möglich Änderungen aufweisen (keine Wellen oder Haken)

Spaß bei der gemeinsamen Ausfahrt haben. Diese Form sieht so aus, daß die einzelnen Mitglieder stets den Windschatten des Vordermannes suchen, um so rationell wie möglich fahren zu können.

Der augenblicklich Führende dagegen fährt gleichzeitig mit höherem Kraftaufwand gegen die, je nach Laune der Natur, unterschiedlich starke Windbarriere. Gleichzeitig muß er eine Fahrlinie wählen, die möglichst wenige Richtungsänderungen aufweist, aber auch Straßenunebenheiten meidet.

Im Rennfahrerjargon beginnt eine »Reihe« bereits ab zwei Personen. Der Ruf nach der »Reihe« ist gleichzeitig eigene Zustimmung und Aufforderung an den oder die augenblicklichen Partner, ebenfalls aktiv ins Geschehen einzugreifen.

3.2 Größe von Einzelreihen

Im Wettkampfbereich läuft eine willkürlich aus dem Geschehen heraus gebildete Gruppe in der Regel nur, wenn diese maximal sechs Fahrer umfaßt. Größere Gruppen brauchen andere Organisationsformen, u. a. den Kreisel (siehe 5. Schritt).

Die Einzelreihe läuft gut, wenn max. 6 Fahrer beteiligt sind

● Bei mehr als sechs Fahrern wird der sehr lange Weg von der Führungs- in die Schlußposition zu schwer. Nach der ohnehin anstrengenden Führungsaufgabe bleibt der »Ablösende« zu lange im »Wind« und muß somit eine zweite Führung anhängen.

● Auch im Freizeitbereich sind größere Reihen wenig empfehlenswert. Das natürliche Leistungsgefälle, welches automatisch zu Temposchwankungen führt, und die gleichzeitig auftretenden Platzprobleme auf der Straße (dadurch mangelnder Windschatten) würden das Tempo empfindlich beeinträchtigen.

Nehmen mehr als 6 Fahrer am Training teil, ist es günstiger, die Gruppe zu teilen

In einem solchen Falle ist es günstiger, andere Formen zu suchen oder die Gruppe bewußt zu teilen. Getrennte Gruppen aber sollten in größerem Abstand hintereinander fahren, um einerseits den »ungewollten Zusammenschluß« zu verhindern und gleichzeitig den weiteren Verkehrsteilnehmern Raum zum ungehinderten Begegnen oder Überholen zu lassen.

3.3 Fahrlinie

Sind mehrere Fahrer gemeinsam unterwegs, suchen sie automatisch den Zusammenschluß. Der Führende wählt eine Fahrlinie, die seiner Meinung nach die richtige ist. Haben die Mitfahrer an den Hinterrädern zu wenig Platz,

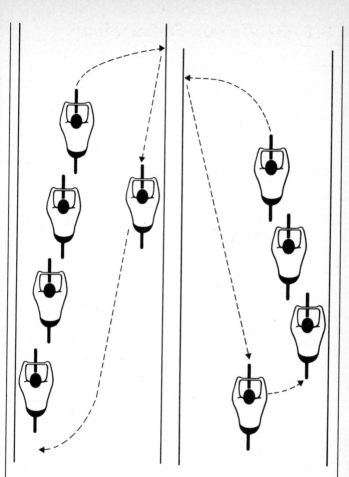

*Fahrlinien-Verlauf
eines ablösenden
Fahrers*

35

erfolgt von ihnen der Hinweis auf eine zu
ändernde Fahrlinie. Der Führende ist auf diese
Informationen angewiesen, da er zwar die ge-
nerelle Windrichtung spürt, jedoch diese nicht
bis ins Detail lokalisieren kann. Die Hinterleute
geben dazu knappe Kommandos, z. B. »weiter
links«, denen ein zur gemeinsamen Fahrt ge-
neigter Führungsmann ohne zu zögern folgt.

● Kommt der Wind von rechts, so sollte der
Führende zwar am Straßenrand fahren, jedoch
stets einen Sicherheitsabstand von 50–80 cm
einhalten. Diesen benötigt er, um Raum zur
eigenen Ablösung zu haben. Der Führende
muß dabei eine so große »Welle« fahren können, an welcher der Hintermann erkennt, daß
der Führende von der Spitze weg will. Erkennt
der Hintermann die Ablöseabsicht erst, nachdem der Führende bereits sein Tempo reduziert hat, ist der Schwung der Gruppe dahin.
Gleichzeitig kommt nicht nur der direkte Hintermann, sondern die gesamte Gruppe in
Schwierigkeiten, da sich alles zusam-
menschiebt.
Auch auf den bestausgebauten Straßen findet
sich irgendwann ein Hindernis, welches zu
umfahren ist. Diese Aufgabe obliegt ebenfalls
dem Führungsfahrer, das Hindernis rechtzeitig
zu erkennen und so zu umfahren, daß die
Hinterleute ohne Schwierigkeiten dran bleiben
können. Vom Vordermann sind hierzu deutliche Zeichen und verbale Hinweise erforderlich
(s. 2. Schritt).

3.4 Gruppentempo/ Führungsdauer

Das Tempo einer Gruppe ist ausschließlich
von der speziellen Kondition der Teilnehmer
und des Gruppenzieles abhängig.

Auch der Schwächste der Gruppe muß das maximale Tempo mitfahren können

Zu beachten ist allerdings, daß stets ein Tempo gewählt wird, das auch – vielleicht nur kurz – vom Schwächsten zu halten ist.

In der Reihe besteht dabei die Möglichkeit, daß starke Fahrer einfach länger führen als ihre schwächeren Partner.

● Auf keinen Fall sollte das Tempo durch zu viele Unregelmäßigkeiten Veränderungen erfahren. Solche Temposchwankungen verkraftet kaum eine Gruppe. Der Zeitpunkt einer Auflösung würde vorzeitig eintreten.

In Ansiedlungen das Tempo grundsätzlich verringern

● Bei der Durchfahrt durch Ansiedlungen ist es sinnvoll, aus Sicherheitsgründen das Gruppentempo zu reduzieren. Hier ist nicht nur mit einer Vermehrung stehender, sondern auch beweglicher Hindernisse zu rechnen. Außerdem entstehen zusätzliche Gefahren, da das Tempo von Radsportgruppen durch die weiteren Verkehrsteilnehmer gewaltig unterschätzt wird.

Bei hohem Tempo sollte die Führung nicht länger als 150 – 300 m dauern

● Der Führungsdauer sind im Prinzip keine Grenzen gesetzt. Soll eine Reihe jedoch auch bei hohem Tempo »laufen«, ist es empfehlenswert, die Führungsdauer auf 150 bis 300 m, je nach Geschwindigkeit, zu begrenzen. Als Orientierungshilfe genügen die Straßenmarkierungen – oder noch günstiger das Zählen der Kurbelumdrehungen. Gleichzeitig ist dies eine wichtige Konzentrationshilfe, um die Gedanken auf die augenblickliche Tätigkeit zu richten und nicht abzuschweifen.

3.5 Ablösung, Ablöserichtung, Ablöseverhalten

Ein Radfahrer, der im Windschatten fahren will, sucht diesen auf der der Windrichtung abgewandten Seite seines Vordermannes.

*Aus der Gruppe her-
aus nur gegen den
Wind ablösen*

Je stärker der Wind von der Seite bläst, um so
dichter fährt der Hintermann auf, u. U. sogar
neben dem Führenden. Dies verlangt, daß der
Führende, will er von diesem Platz weg, nur
gegen den Wind aus der Reihe gehen darf. Bei
einer anderen Ablöserichtung würde er seine
Mitfahrer gefährden.

● Die Richtungsänderung während der Ablösung muß so deutlich sein, daß der Hintermann sofort die Absicht des Führenden erkennt und selbst die Fahrlinie beibehält.

*Bei der Ablösung ge-
nügt ein Fahrlinien-
wechsel von 50–
80 cm, dieser muß
jedoch deutlich sein*

Die Richtungsänderung braucht dabei nur 50–
80 cm zu betragen. Ein größerer Bogen ist
zwar möglich, kann aber zu unnötiger Selbst-
gefährdung führen.
Je größer die Gruppe wird, um so günstiger ist
es, sich dicht entlang der Reihe zurückfallen zu
lassen. Der ablösende Fahrer befindet sich
während des »Zurückfallenlassens« im Wind –
und kann dabei noch einen geringen Windschatten nahe der Reihe finden.

● Auch wenn es manchem Fahrer schwer-
fällt, besonders bei hoher Kraftanstrengung,
darf er auf keinen Fall während der Ablösephase sein Tempo zu stark reduzieren. Der Ge-
danke, dadurch schneller nach hinten zu kommen, führt zu dem Nachteil, daß durch die zu
große Geschwindigkeitsdifferenz beim An-
schlußnehmen ein regelrechter Kraftakt not-

*Beim »Zurückfallen«
dicht an der Reihe
bleiben und nicht zu
viel Tempo weg-
nehmen*

wendig würde. Bei hohem Tempo und zu lang-
samem Fahren während des Zurückfallens
könnte es durchaus passieren, daß dieser Fahrer den Anschluß an die Gruppe verpaßt. Ist ein
Fahrer einmal von einer schnellfahrenden Reihe getrennt, besteht für ihn praktisch keine
Anschlußmöglichkeit mehr. Die Reihe ist weg!
Im Rennsport kann dies zu Minuten- oder gar
Stundenrückständen führen.

3.6 Fahren im Windschatten

Je höher das Tempo, aber auch je stärker der Wind, um so näher muß der am Hinterrad Fahrende zum Vordermann aufrücken.
Das in Kleingruppen trainierte Verhalten – seitlich versetzt fahren, wenn nötig mit dem Lenker neben dem Becken des Vordermannes – hat auch hier Gültigkeit bzw. ist für gleichmäßiges Tempo unerläßlich.

● Nicht vergessen: Nicht auf das Hinterrad schauen, sondern Fixpunkte am Rad – Vorderradnabe oder Tretlager, besser noch am Körper (Schulter) des Vordermannes suchen. Dabei selbst so weit wie möglich auf das Verkehrsgeschehen achten, um frühzeitig entsprechende Aktionen einleiten zu können.

Im Windschatten läßt sich mit Weitsicht viel Kraft sparen

Macht z. B. ein Hindernis erforderlich, daß das Tempo zu reduzieren ist, kann der »weitsichtige Hintermann« sein Rad nur noch rollen lassen, obwohl der Vordermann noch immer weiterfährt und viel später erst Zeichen gibt. Etwas Abstand, dafür aber »Erholung durch Rollenlassen«, spart Kraft und bringt kurzzeitig zudem psychische Entspannung, die besonders der Anfänger benötigt.

3.7 Checkliste der Hauptfehler

Fehler	Warum	Lösung
Die Fahrlinie des Führenden läßt nur einem Teil der Mitfahrer Platz im Windschatten	der Fahrer an der Spitze kann die genaue Windrichtung nicht erkennen	durch Zuruf ändert der Führungsfahrer die Fahrlinie
Der Führende löst in die falsche Richtung ab	diese hat sich durch Richtungsänderung ebenfalls geändert	der in zweiter Position fahrende Partner weist dem Führenden die neue Richtung an
Mit vollem Tempo durch Ortschaften fahren	in Ortschaften erhöht sich die Unfallgefahr	grundsätzlich das Tempo drosseln
An Steigungen fährt der Hintermann dem Vordermann ins Hinterrad	beim Positionswechsel vom Sitzen ins Stehen wird die Maschine kurzfristig nach hinten geschoben	grundsätzlich nur ganz langsam aufstehen, damit der Hintermann sich auf die neue Situation einstellen kann

4. Schritt
Techniken der Doppelreihe

4.1 Allgemeine Grundsätze
4.2 Gruppengröße
4.3 Fahrlinie der Doppelreihe
4.4 Gruppentempo/ Führungsdauer
4.5 Ablöserichtung/ Ablöseverhalten
4.6 Fahren im Windschatten
4.7 Checkliste der Hauptfehler

4.1 Allgemeine Grundsätze

Die Doppelreihe ist eine reine Trainings-Organisationsform

Im Freizeit- und Trainingsbereich kommt die bei allen beliebte Organisationsform der Doppelreihe zur Anwedung. Da es dabei stets zwei Führende an der Gruppenspitze gibt, ist sie keine, zumindest gewollte, Wettbewerbsform.

Je dichter die Partner zusammenrücken, um so mehr Windschutz geben sie sich gegenseitig

● Die Doppelreihe besteht praktisch aus zwei Einzelreihen. Je dichter die Fahrer zusammenrücken, um so günstiger wird der Flankenschutz. Dadurch erhöht sich die Möglichkeit zu noch rationellerer Fahrweise. Einzel- und Doppelreihen bieten naturgemäß einem Anfänger günstige Schulungsmöglichkei-

41

ten, da er besonders in der Doppelreihe direkte Informationen und Tempokorrekturen durch erfahrene Partner erhalten kann.

4.2 Gruppengröße

Eine Gruppe darf nur so groß sein, daß sämtliche Teilnehmer auf der rechten Fahrspur fahren können

Hier besteht für den Freizeitbereich praktisch keine Begrenzung der Gruppengröße.
Einziges Limit ist der Wind- bzw. herrschende Luftwiderstand. Kommt dieser von der Seite, darf eine Gruppe nur so groß sein, daß der auf der linken Seite Führende den Mittelstreifen nicht überfährt.
Kommt der Wind von rechts, darf der letzte Fahrer der Gruppe den Mittelstreifen ebenfalls nicht überfahren.

● Zudem schreibt der Gesetzgeber vor, daß auf Bundesstraßen erst ab 15 Teilnehmern aufwärts nebeneinander gefahren werden darf. Diese Regelung ist demnach eher Radlerfeindlich, denn bereits eine Einzelreihe mit mehr als sechs Fahrern ist permanent durch Autofahrer (»Quetscher«) bei deren Überholmanövern im Gegenverkehr gefährdet.

4.3 Fahrlinie der Doppelreihe

Die Doppelreihe besteht aus zwei nebeneinander fahrenden Einzelreihen

Eine Doppelreihe bildet sich aus zwei nebeneinander fahrenden Einzelreihen. Je dichter diese Paare nebeneinander fahren, um so mehr zusätzlichen Windschutz bieten sie sich gegenseitig.

● Fehlerhaft wäre hier, auf seitlichen Sicherheitsabstand zu gehen.
Die seitlich von den Fahrern entstehenden Windverwirbelungen wirken bei zu weit voneinander abrückenden Fahrenden erschwerend und würden einen Teil des »Windschat-

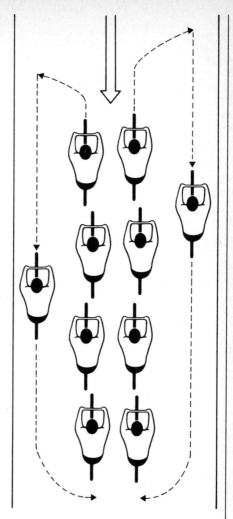

Doppelreihe bei direktem Gegenwind

tenvorteils« der Doppelreihe zunichte machen.

● An der Spitze müssen die beiden Führenden eine gemeinsame ideale Fahrlinie wählen. Diese kann so sein, daß ein Hindernis gemein-

43

*Jede Seite umfährt
geschlossen Hinder-
nisse auf der Straße
(jeweils eigene Fahr-
linie)*

sam auf einer Seite umfahren wird. Viel öfter
aber kommt es vor, daß Bodenhindernisse
(herausstehende Schachtdeckel, Steine,
Schlaglöcher) von den Partnern jeweils außen
zu umfahren sind.

*Nicht nur der Füh-
rende, sondern die
weiteren Mitfahrer
zeigen Hindernisse
an*

● Wichtig ist in einem solchen Falle, daß die
Führenden mittels Gesten und Zurufen auf das
bevorstehende Hindernis aufmerksam machen. Umfahren beide z. B. einen Schachtdek-
kel jeweils außen, so zeigt der rechte Fahrer
mit der linken und der linke Fahrer mit der
rechten Hand auf das Hindernis. Danach aber
sollten die Partner wieder dicht zueinander
finden.

4.4 Gruppentempo/
Führungsdauer

Natürlich wird das Tempo einer Doppelreihe
vom Gruppenziel bestimmt. Die Doppelreihe
bietet Vorteile, was Kommunikation untereinander, aber auch was Trainingsreize anbetrifft.
Eine Doppelreihe kommt sehr schnell in den
Verruf einer »Plaudertruppe«, obwohl u. U. die
selbsternannten Ziele anders gelautet hatten.

*Lange Führungen
eignen sich nur im
Freizeitbereich – im
Training sind kurze
Führungen gefragt*

● Die Führungsdauer kann bei mäßigem bis
mittlerem Tempo unbeschränkt lange dauern.
Im Interesse der Konzentration auf den Fahrtverlauf sollte die Führungsdauer nicht mehr als
1000–1500 m betragen. Um einen sinnvollen
Trainingsreiz zu erzielen, ist es sogar besser,
wenn die Führungen unter 1000 m liegen. So
ist gewährleistet, daß die Teilnehmer nicht nur
konzentrierter fahren, sondern gleichzeitig or-
ganisch günstiger be- und ausgelastet sind. Im
submaximalen Einsatzbereich sollten die Führungen zwischen 200 und 300 m umfassen.

44

● Wird das Tempo zu hoch, entstehen Probleme innerhalb der Gruppe durch das herrschende, natürliche Teilnehmer-Leistungsgefälle. Schwächere Fahrer können sehr bald nicht mehr führen, haben Mühe nach der Führung wieder den Anschluß zu finden – das Gruppengefüge beginnt sich aufzulösen. Diese Problematik reicht bis in Gruppen von leistungsstarken Fahrern. Allerdings erfolgt in starken Gruppen der Auflösungsprozeß später.

Die Doppelreihe läuft dann gut, solange noch sämtliche Teilnehmer im submaximalen Bereich fahren

● Doppelreihen bieten deshalb bis zum submaximalen Geschwindigkeitsbereich eine Form des günstigsten Vorwärtskommens, aber auch gute Trainierbarkeit. Vor allem Tempo-Unerfahrene lernen in der Doppelreihe neben einem erfahrenen Partner gleichmäßig zu fahren.

4.5 Ablöserichtung/ Ablöseverhalten

Einzig im Ablöseverhalten und der Ablöserichtung ergeben sich Unterschiede von der Doppel- zur Einzelreihe. In der Doppelreihe löst der Führende jeweils nach außen ab. Der auf der rechten Seite Fahrende fährt grundsätzlich nach rechts und der auf der linken Seite Fahrende auf die linke Seite aus der Gruppe heraus.

In der Doppelreihe lösen die Führenden jeweils nach außen ab

● Herrscht starker Seitenwind, so daß sich die Partner seitlich hinter den Führenden »staffeln«, muß der an der Spitze fahrende Fahrer der »Windschattenseite« kurzfristig beschleunigen (zwei bis drei Tritte), um sich sicher von seinem Hintermann und somit aus der Gruppe zu lösen.

Dadurch entsteht für diesen Fahrer ein kleiner

Abgelöste Fahrer lassen sich nicht auf gleicher Höhe zueinander zurückfallen

Vorsprung gegenüber dem Partner. Beide sollten darauf achten, daß diese Differenz beim seitlichen Zurückfallen entlang der Gruppe bestehen bleibt. Die Fahrer innerhalb der Gruppe haben in diesem Falle die Möglichkeit, sich zwischen den Ablösenden hindurchzuschlängeln. Würden beide Partner auf gleicher Höhe bleiben, könnte es immer wieder zu unangenehmen Engpässen kommen, vor allem bei Gegenverkehr auf engeren Straßen.

4.6 Fahren im Windschatten

In der Doppelreihe ist das Prinzip des Windschattenfahrens dasselbe wie in der Einzelreihe. Bei schwächerem Wind braucht sich jedoch eine Doppelreihe nicht so streng zu organisieren wie die Einzelreihe. Die am Hinterrad Fahrenden können durchaus auch einmal auf der »falschen Seite« hinter ihrem Vordermann fahren. Windschatten besteht in einem solchen Falle immer noch zur Genüge.

● Bei ansteigendem Tempo sollte aber auch hier die exakte Fahrlinie im Windschatten Be-

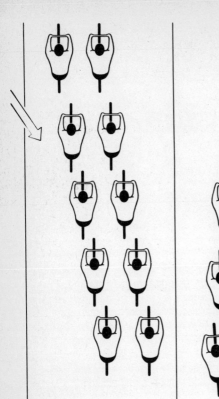

Der Wind kommt von links, die Fahrer »laufen« auf der rechten Seite auf

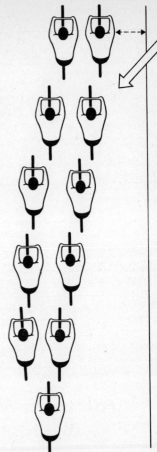

Fahrlinie der Doppelreihe bei Wind von rechts

Fahrer in der zweiten Position bleiben mit dem Vorderrad stets hinter dem Hinterrad des Vordermannes

achtung finden. Die Fahrer in der zweiten Reihe hinter den Führenden sollten jedoch mit ihren Vorderrädern aus Sicherheitsgründen hinter den Hinterrädern ihrer Vorderleute bleiben.

Bei seitlicher Staffelung darf der auf der Windschattenseite Fahrende auf keinen Fall seitlich vom Vordermann fahren, um bei der Ablösung nicht »rasiert« zu werden. Der Partner sollte grundsätzlich auf gleicher Höhe bleiben, um das Gruppengefüge nicht zu beeinträchtigen. Fährt dieser Partner zu dicht auf den Vordermann auf, während der Partner aus Sicherheitsgründen hinter seinem Führenden bleiben muß, staffelt sich automatisch die gesamte Doppelreihe bis zum letzten Paar.

4.7 Checkliste der Hauptfehler

Fehler	Warum	Lösung
Die Partner fahren zu weit seitlich auseinander	seitliche Windwirbel erschweren das Fahren	so eng wie möglich nebeneinander fahren, um diese »Erschwernis« abzubauen, gleichzeitig besteht mehr Sicherheit im Straßenverkehr
Der auf der »Windschattenseite« ablösende Fahrer verpaßt seiner Seite beim Ablösen eine Welle	der zweite Fahrer fährt zu dicht bzw. bereits neben dem Vordermann	der zweite muß generell hinter dem ersten bleiben – so können keine Probleme entstehen
Die ablösenden Fahrer lassen sich auf gleicher Höhe zurückfallen	bei Engpässen müssen sich die Fahrer der »Reihe« zwischen den Ablösenden hindurchschlängeln	die beiden Fahrer müssen seitlich versetzt fahren (diagonal), damit die anderen durchfahren können

5. Schritt
Die Technik des Kreisels

5.1 Allgemeine Grundsätze
5.2 Aufbau des Kreisels
5.3 Anwendungsbereich/
Gruppengröße des Kreisels
5.4 Fahrlinie
5.5 Gruppentempo
5.6 Windschatten/Windrichtung
5.7 Checkliste der Hauptfehler

5.1 Allgemeine Grundsätze

Der Kreisel ist eine Form des Wettkampfes bei Starkwind

Diese Gruppenformation wird in vielen Teilen der Bundesrepublik Deutschland auch als »belgische Reihe« bezeichnet. Belgisch deshalb, weil vor allem auf flandrischen Straßen wenig Waldgebiete vorhanden sind und so der Wind ungehindert auf weiten Strecken ein großer Gegner der Radsportler ist. Zwangsweise formieren sich die Rennfahrer bei Wettbewerben zu einer Reihe. Die gefürchtete Windkante zwingt die Rennfahrer zusätzlich zur »Staffel-Formation«, die in der Regel bei Wettbewerben die gesamte Straßenbreite einnimmt. Wer dabei in der Spitzengruppe (die Größe richtet sich nach Straßenbreite und Windstärke) keinen Platz findet, hat in der

Beim Kreisel halten auch die abgelösten Fahrer Kontakt zueinander

Folge mit dem Rennausgang kaum mehr etwas zu tun.

Rennfahrer, die den teilweise harten Kampf um einen Gruppenplatz verlieren, fahren am Gruppenende vorerst in einer langen Kette auf der Windkante. Diese liegt stets auf der dem Wind abgewandten Straßenseite. Meist reißt diese Kette nach kurzer Zeit durch einen »ermüdeten« Fahrer. Versierte Rennfahrer bilden in einem solchen Fall sofort eine neue »Reihe« hinter der Führungsgruppe. Anfänger dagegen versuchen im Alleingang weiterzukommen, was fast aussichtslos ist.

Durch zunehmenden Straßenverkehr kommt der Kreisel verstärkt auch im Training zur Anwendung

Um sich in eine »Reihe« hineinzukämpfen, muß ein guter Rennfahrer natürlich sehr sattelfest, also ein guter Techniker sein. Darüber hinaus benötigt er ein hohes Maß an Kampfkraft, Mut und Entschlossenheit, um sich in solchen Gruppen behaupten zu können.

Die Schulung hierfür erfolgt vorrangig über die Wettkampfpraxis!

Im Training geht es um die Technik-Schulung, um die Grundlagen und die daraus resultierende Taktik zu automatisieren. Allerdings müssen z. B. auch die im Wettkampf zwangsweise vorkommenden Körperkontakte einzelner Fahrer trainiert werden. Nur die Kenntnis der Verhaltensweisen in solchen Fällen hilft, diese gefahrlos zu bestehen.

51

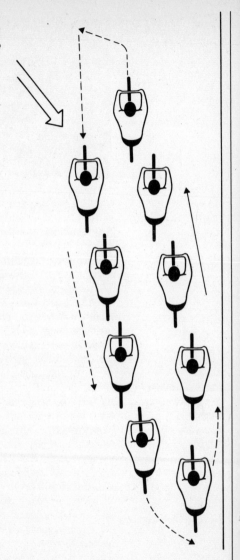

Kreisel:
Die rechte Seite fährt
schneller als die linke
– die langsamer fah-
renden, ans Ende
zurückweichenden
Fahrer halten eben-
falls Kontakt zu
ihrem Vordermann

5.2 Aufbau des Kreisels

Der Kreisel funktioniert nach dem »Paternoster-Prinzip«. Auch er besteht nach außen aus zwei Einzelreihen. Allerdings bewegen sich beide Reihen in unterschiedlichem Tempo. Auf der »Windschattenseite« bewegen sich die Fahrer schneller (auf dem Weg nach vorne zur Führung) als auf der »Windseite«. Auf dieser Windseite lassen sich die Fahrer ans Ende der Gruppe zurückfallen.

Auch die abgelösten Fahrer halten stets Kontakt zu ihren Vorderleuten

Sowohl auf dem Weg nach vorne als auch auf dem Rückweg ans Ende der Gruppe trachtet jeder Fahrer einer funktionierenden Reihe nach Kontakt zu seinem Vordermann.

Da ständig Kontakt zum Vordermann besteht (auch beim Zurückfallen, wobei dies dann der Hintermann aus der »Vorwärtsreihe« ist), sind die Führungen genau limitiert: Sie dauern nur so lange, bis der jeweils Führende bei gleichbleibendem Tempo an seinem Vordermann vorbei ist. Diese Strecke kann zwischen 50 und 150 m betragen – an Steigungen länger, auf der Ebene kürzer.

Die Führung dauert nur so lange, bis der Vordermann »passiert« ist

● Sowie der Vorgänger passiert ist, wird der Ablösevorgang eingeleitet. Der betreffende Fahrer fährt dabei ca. 50–70 cm zur Seite und reduziert seinen Pedaldruck geringfügig. Der Hintermann überholt jetzt seinen Vordermann. Durch den fast ständigen Windschatten und die nur kurze Führungszeit an der Spitze entfallen auf jeden Teilnehmer diese gleichen Führungslängen.

● Einziger Nachteil jedoch ist, daß die Gruppe leistungsmäßig ausgeglichen sein sollte. Ein schwacher Fahrer kann eine solche Formation binnen kürzester Frist zum »Platzen« bringen.

Für die Mitfahrt in einer solchen Staffel ist

Das Leistungsver-
mögen der Teilneh-
mer sollte fast iden-
tisch sein

jedoch hohe Konzentrationsfähigkeit erforderlich. Gespräche können kaum stattfinden – es
bleibt bei kurzen Zurufen untereinander.

● Diese Wettbewerbsform eignet sich aber
auch im Training, jedoch nur bei homogenen
Gruppen. Auf stark befahrenen Straßen bleibt
die Kreisel-Formation stets eine geschlossene
Zweier-Reihe. Kurzzeitige Verbreiterungen
wie bei der Doppelreihe entfallen. Somit können auch keine Engpässe durch die Ablösenden und sich ggf. dazwischen durchquet-
schende Fahrer entstehen.

● In Wettbewerben – auch bei Profis – eignet
sich die Grundform des Kreisels vor allem
während der Anfangsphase. Zum Ende eines
jeden Wettbewerbs dagegen kommt diese
Form nur noch phasenweise zur Anwendung,
denn auch Spitzenprofis weisen in der Endphase von Wettbewerben deutliche Leistungsunterschiede auf.

5.3 Anwendungsbereich/ Gruppengröße des Kreisels

Sowie Radsportler-Gruppen mehr als 5–6
Personen umfassen und diese einigermaßen
schnell fahren wollen, dürften die Doppelreihe
und der Kreisel die günstigsten Organisationsformen bieten.
In Wettbewerben dagegen kommt in einem
solchen Fall ausschließlich der Kreisel zur Anwendung.
Bei Vierer-Wettbewerben lohnt sich der Kreisel nur an langen, flachen Steigungen, auf
Abfahrten oder bei sehr starkem Seitenwind
(Kantenwind).
In solchen Phasen können sich die Teilnehmer
mittels des Kreisels hervorragend gegenseitig

Hilfestellung durch den Trainer Rudi Altig beim »Kreisel-Training«

Im Vierer-Wettbewerb auf der Straße eignet sich der Kreisel nur bei Seitenwind oder auf Abfahrten

unterstützen. Auf Abfahrten z.B. können sich die Fahrer gegenseitig durch den Sog des Windschattens leicht überholen, somit ihr Tempo steigern. Dabei werden sämtliche Teilnehmer gleich belastet. Ein Fahrer, der zu lange an der Spitze bleibt, muß regelrecht sprinten und ist als Folge danach etwas angeschlagen und kann bei der folgenden Führung auf der Ebene oder gar an einer Steigung nicht die Leistung bringen, die für ein gleichbleibendes Gruppentempo sinnvoll wäre. Die Partner dagegen hätten es dadurch zwar leichter, doch müßten sie laufend bremsen, da sie durch den Sog des Vordermannes beschleunigt werden. Diese Beschleunigung ist jedoch besser zu nutzen, indem jeder an seinem Vordermann vorbeirollt, nur wenige Umdrehungen voll fährt und sich anschließend sofort überholen läßt.

● Die Gruppengröße wird zusätzlich durch Windrichtung und Fahrbahnbreite limitiert. Je stärker der Wind von der Seite kommt, um so weniger Fahrer können in einem Kreisel Unterschlupf finden. Im Trainingsbereich bleibt der Mittelstreifen die äußerste Fahrbahngrenze für die Teilnehmer. Kommt der Wind von links, muß der Führende immer noch einen Abstand von ca. 1 m zum Mittelstreifen halten, um Platz für die Ablösung zu haben.

Kommt der Wind von rechts, ist auch hier ein Abstand von ca. 80 cm einzuhalten, um Raum für die Ablösung zu haben.

5.4 Fahrlinie

Beide Reihen sollten auch hier so dicht wie möglich nebeneinander bleiben

Trotz des unterschiedlichen Tempos beider gegenläufigen Reihen sollten auch diese Fahrer so dicht wie möglich beieinander bleiben. Sowie sich die Reihen auseinander bewegen und dazwischen zu viel Raum entsteht, wirken die »Verwirbelungen« der Luft innerhalb der Gruppe als zusätzliche Bremse.

Bei der Ablösung muß jeder darauf achten, tatsächlich nur ca. 60–80 cm zur Seite zu fahren. Nur dadurch bleibt die Gruppe auch zusammen. Sowie ein Fahrer bei der Ablösung zu weit hinausfährt, zerstört er das Gruppengefüge.

Ebenfalls müssen die Führenden darauf achten, eine einheitliche Fahrlinie zu wählen, um ein optimales Windschattenfahren zu ermöglichen. Schnelle Richtungsänderungen (Wellen) führen zu Disharmonie und Unruhe, die sich in einem ungleichmäßigen Tempoverlauf dokumentieren.

5.5 Gruppentempo

Die Kreisel-Formation lebt ausschließlich von der Leistung und der Fähigkeit der Mitfahrer. Je dichter das Niveau der Teilnehmer beieinander liegt, desto günstiger ist ein einheitliches, gleichbleibendes Tempo zu erzielen. Bei noch nicht allzu Versierten – dazu zählen nicht nur Freizeitsportler, sondern auch junge Rennfahrer – steigt nach Bildung des Kreisels das Grundtempo immer mehr an. Die Ursachen sind darin zu suchen, daß diese unerfahrenen Sportler aus Angst vor dem Langsamerwerden zu viel Druck machen. So kann aus rationeller Vorwärtsbewegung schnell eine »Raserei« entstehen. Routiniers teilen sich vor allem während windumtosten Streckenteilen ihre Kraft so ein, daß jeder mit dem geringsten Kraftaufwand solche Phasen überstehen kann. Die Teilnehmer orientieren sich dabei vorrangig an ihrer augenblicklichen Trittgeschwindigkeit. Sie halten dabei stets trotz hohen Einsatzes immer noch Kraftreserven zurück, um diese für »Notfälle« zur Verfügung zu haben.

Gleichbleibendes Gruppentempo erfordert viel Gefühl von den Teilnehmern

Neulinge investieren bei ihren Führungen zu viel Kraft, so daß das Tempo immer mehr ansteigt und als Folge der Kreisel auseinanderbricht

● Versierte Fahrer dosieren ihre Führungslänge je nach Windstärke und Topographie. Dies erfolgt durch den sich unterschiedlich mindernden Kraftaufwand in der rückwärts orientierten Reihe.
An Steigungen z. B. gleicht sich das Tempo beider Reihen zunehmend an. Automatisch verlängert sich dadurch die Führung. Natürlich bleibt dabei auch der Abgelöste länger an der Spitze. Am Gruppenende entfällt somit ein möglicher Antritt, der gerade dort zusätzliche Kraft kosten würde.

Das Tempo der »rückläufigen« Reihe darf nur unwesentlich langsamer sein als das Tempo der nach vorne orientierten Fahrer

● Auf der Ebene und gleichzeitigem Rückenwind verlängern gute Fahrer ebenfalls ihre Führungsdauer. Gleichzeitig vergrößern sie

Die Führungsdauer verlängert sich, wenn der abgelöste Fahrer sein Tempo zu hoch hält – an Anstiegen ist dies notwendig

nach und nach ihren Abstand zum Vordermann, ebenso die Führungslänge an der Spitze.

Kurze, gleichbleibende Führungen bei Rückenwind steigern automatisch das Tempo. Ebenso vergrößert sich in einem solchen Fall die Tempo-Differenz beider Reihen, was vor allem am Gruppenende zu Engpässen führt – jeder Mitfahrer muß in einem solchen Fall erst abbremsen und sofort stark beschleunigen, um in die vorwärts orientierte Reihe »einzuklinken«. Keine Frage, daß eine solche Schwäche das Gruppengefüge auseinanderbrechen ließe.

Die Eignung der Kreisel-Formation liegt deshalb vorrangig auf Teilstrecken, bei denen Gegen- oder Seitenwind herrscht.

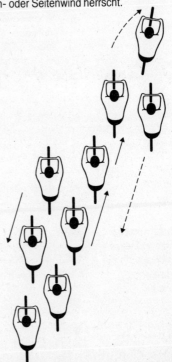

Die Ablöse-Richtung wechselt bei veränderter Windrichtung. Kurzzeitig entsteht eine Dreier-Reihe

5.6 Windschatten/Windrichtung

Auch beim Kreisel formieren sich die Teilnehmer entsprechend der vorherrschenden Windrichtung. Ändert sich diese, muß natürlich auch die Ablöserichtung wechseln.

● In der nun neuen Windrichtung muß spätestens der zweite Fahrer die Ablöserichtung an die neue Windseite anpassen. Fahrer, die kurz vor dieser Änderung abgelöst haben, lassen sich jedoch auf ihrer Seite weiterhin bis ans Gruppenende zurückfallen. So entsteht vorübergehend eine »Dreier-Reihe«.
An der Spitze muß der Fahrer, der als erster die Richtung ändert, diese neue Ablöserichtung unbedingt ansagen und anzeigen.

5.7 Checkliste der Hauptfehler

Fehler	Warum	Lösung
Der zweite Fahrer braucht zu lange, um am Abgelösten vorbeizukommen	a) das Tempo des Abgelösten geringfügig zu schnell	a) der Abgelöste muß den Druck aufs Pedal verringern
	b) der Überholer ist erschöpft	b) dieser darf nicht mehr führen
Am Ende der Gruppe müssen die Fahrer beim Wechsel in die andere Reihe »sprinten«	das eigene Tempo war zu langsam oder auf der Führungsseite wurde beschleunigt	stets Kontakt zum Vordermann halten
Die Fahrer lösen trotz geänderter Windrichtung noch auf die »alte« Seite ab	die neue Windrichtung ist vom Führenden nicht erkennbar	bei der eigenen Führung die Ablöserichtung ändern

6. Schritt
Wie kann ich mich auf das Fahren in Gruppen vorbereiten?

6.1 Allgemeine Grundsätze
6.2 Tempogefühl
6.3 Trainingsvorschläge
6.4 Welche Rolle spielt die Windrichtung?
6.5 Wie verhalte ich mich bei Windböen?
6.6 Checkliste der Hauptfehler

6.1 Allgemeine Grundsätze

Sobald mehrere Fahrer gemeinsam fahren, müssen diese ihre Leistung aneinander angleichen

Wenn bereits zwei Radfahrer oder -sportler gemeinsam unterwegs sind, ist zwangsweise eine gegenseitige Anpassung der Leistung erforderlich. Einem Anfänger fällt allerdings nicht ganz leicht, sich möglicherweise einem etwas leistungsschwächeren Partner anzupassen. Streben solche Partner ein gemeinsames Ziel an, ist es notwendig, dies mit gleichbleibendem Tempo zu absolvieren. Sobald eine gegenseitige Anpassung fehlt, ermüden beide Partner vorzeitig, und das gemeinsame Ziel rückt u. U. in weite Ferne. Was mit fortschreitender Erfahrung zum Selbstverständnis gehört, nämlich ein gleichmäßiger Tempoverlauf, muß sich der Anfänger erst aneignen.

Wer im Einzeltraining fast ausschließlich gegen seine eigene Uhr fährt, muß sich für ein Training in der Gruppe gewaltig umstellen. Beim Kampf gegen die Uhr kommt es dem Anfänger nicht so sehr auf Kontinuität an, sondern auf allerhöchste körperliche und organische Belastung. Besteht jedoch eine gewisse Erfahrung aus dem Gruppentraining, kann dies zu einem günstigeren Tempogefühl und somit letztendlich zu verbesserten Zeiten führen.

Kontinuität in der Führungsarbeit ist Voraussetzung für ein gutes Gruppentempo

● Gruppen »leben« von der Harmonie, welche die Mitfahrer einbringen. Sie ist vom Tempogefühl und vom taktischen Verständnis der einzelnen Mitfahrer abhängig.
Anfänger müssen lernen, bei unterschiedlichstem Tempo und Krafteinsatz die angestrebte Teilstrecke (Führungsdauer) stets in gleichbleibendem Tempo zu durchfahren. Sie müssen aber auch lernen, immer wieder kurzfristig eine Sauerstoffschuld (anaerobe Leistung) einzugehen. Ein Fahrer muß durchaus in einer Reihe während kurzer Zeit eine maximale Leistung bringen und volles Tempo fahren können. Nichts ist in einer Reihe schlimmer als ein Fahrer, der das vorgegebene Tempo nicht halten kann. Tempoverlangsamung, Rhythmusänderung und gleichzeitig Unruhe sind dabei die Folgen.

Jeder Fahrer in einer Gruppe sollte sich selbst gut einschätzen können

Bei Leistungsabbau ist es sinnvoller, weniger oder gar nicht mehr zu führen

● Ist in einem solchen Fall der Fahrer überfordert, geht er besser frühzeitig aus der Reihe oder er bleibt stets am Ende der Gruppe, um die anderen nicht zu behindern.
Für den Radfahrer ist es sinnvoll, stets die herrschenden Windrichtungen zu beachten. Daraus resultiert auch der Krafteinsatz beim Einzel- und Gruppentraining. Es ist also erforderlich, die Kraft so zu dosieren, daß u. U. für den Rückweg im Gegenwind noch genügend Leistung übrig bleibt. Natürlich muß ein trainierender Rennfahrer in wichtigen Trainingspha-

Lücke lassen am Gruppenende. Der letzte Fahrer macht rechtzeitig Platz für die Partner

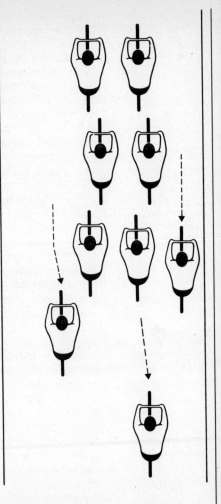

sen so intensiv trainieren, daß es ihm ab und zu passieren kann, total ausgelaugt nach Hause zu kommen – nicht nur nach einer langen Tagesstrecke.

● Auch bzw. gerade in Gruppen spielt der Wind eine wichtige Rolle. Im Gegenwind muß

Selbst bei höchstem Tempo benötigt ein Fahrer noch Reserven für den Weg zurück im Gegenwind

die Führungsdauer gerade so lange sein, daß für die Ablösephase auf dem Weg zurück ans Gruppenende noch Leistungsreserven vorhanden sind. Eine Führung, bei der bereits die letzten Kraftreserven mobilisiert sind, kann bewirken, daß der Sportler auf dem Weg zum Gruppenende »vom Winde verweht wird«. Jedem Anfänger ist deshalb zu empfehlen, spezielle Trainingseinheiten im Einzeltraining durchzuführen, bei denen es ausschließlich um das Kennenlernen der eigenen Leistungsfähigkeit geht.

6.2 Tempogefühl

Ein wichtiger Teil der radsportlichen Grundausbildung beinhaltet, ein gutes Tempo- und Fahrgefühl zu entwickeln. Ein guter Rennfahrer muß sich im Wettbewerb mit gleichmäßig hohem Tempo am Rennen beteiligen können, will er entsprechende Erfolgschancen nutzen. Je besser dieses Tempogefühl beim Rennfahrer entwickelt ist, um so größer werden dessen Erfolgsaussichten. Gleichzeitig wird er ein Mann für gute Mannschaften auf der Straße oder auf der Bahn.

Durch kurze, intensive Tempofahrten ist das ideale Tempogefühl zu erarbeiten

● Gerade in Ausreißergruppen bei Wettbewerben, besonders aber beim Training in Gruppen ist es ungeheuer wichtig, daß die einzelnen Teilnehmer ein möglichst aufeinander abgestimmtes, konstantes Tempo fahren können.
Viele Radsportler, nicht nur Anfänger, lassen sich jedoch von der Leichtgängigkeit ihrer Rennmaschine täuschen und »donnern« los, was das Zeug hält. Bereits nach kurzer Zeit fordern der große Krafteinsatz und die in der Regel zu großen Übersetzungen ihren Tribut. Die Beinmuskulatur übersäuert, die Fahrlinie führt nicht mehr nur geradeaus, und beim ge-

ringsten Tempowechsel »fliegt« ein solcher Fahrer aus der Gruppe heraus.

Zur Entwicklung eines guten Tempogefühls ist es notwendig, diese Übungen bereits im Einzeltraining durchzuführen. Dort lernt er durch Wiederholungs-Tempofahrten seine persönliche Leistungsfähigkeit kennen und sich selbst objektiver einzuschätzen.

Durch höhere Geschwindigkeiten in Gruppen sind gleichzeitig höhere Kurbel-Umdrehungszahlen gefordert

● Das Anfänger-Training muß das Ziel haben, die Grundschnelligkeit zu verbessern. Dies ist ihm anhand der Umdrehungszahlen seiner Kurbeln am günstigsten zu vermitteln. Ein alleine trainierender Freizeitsportler kommt mit Umdrehungszahlen seiner Kurbeln zwischen 60–80/min glänzend aus. In der Gruppe liegen die Geschwindigkeiten höher, hier sind Umdrehungszahlen zwischen 80–100/min am günstigsten.

Will ein motivierter Radsportler seine persönliche Leistungsfähigkeit verbessern, muß er im Training immer wieder darauf achten, nicht so sehr die hohen Übersetzungen zu fahren, sondern sich mit relativ hohen Umdrehungen bei reduzierten Übersetzungen vorwärtszubewegen. So mancher muß hier seine Gewohnheit ändern, stets »dicke« Gänge zu fahren.

Im Einzeltraining kann eine Vorbereitung durch Nutzung geringerer Übersetzungen und hoher Tempi erfolgen

● Reduzierte Übersetzungen im Training sind jedoch nur sinnvoll, wenn der mit diesen Gängen Übende bei den intensiv gefahrenen Phasen immer noch Druck auf die Pedale bringen kann.

Jungen Rennfahrern fällt dieses nicht allzu schwer. Sie fahren im Winter mit Starrlauf-Übersetzungen, die etwa 42 × 17/18 betragen. Größere Übersetzungen wären wenig sinnvoll, da beim geringsten Wind oder an geringsten Steigungen zu viel Kraft erforderlich und somit ein Technik-Verlust eintreten würde. Der Starrlauf nützt jedoch nur, wenn damit Umdrehungszahlen von 80 U/min an

Junge Rennfahrer verbessern ihre Grundschnelligkeit durch Starrlauf-Training

aufwärts gefahren werden. Außerdem muß auch selbst der junge Rennfahrer darauf achten, auf der Ebene und auch auf Abfahrten stets, zumindest geringen, Druck auf seine Pedale zu bringen.

Während des Trainings ist es natürlich immer wieder notwendig, diesen Druck zu verringern, um zu regenerieren, um für die Tempophasen immer wieder aufs neue frisch zu sein.

● Ohne Druck auf den Pedalen während der intensiven Phasen gibt es auch keine Leistung! Deshalb muß das Training so gestaltet sein, daß immer wieder während kurzer bis mittlerer Teilstrecken das Tempo äußerst hoch wird. Ein solches Training darf also nicht zu lange dauern. Es kann zwischen 50 und 80 km liegen bei einer Zeit von 1,40–2,30 Std. Sobald dieses Training länger dauert, geht es eindeutig zu Lasten der Intensität und der Trainingsreiz wird zu gering. Gerade relativ kurzes, intensives Training hat einen positiven Trainingseffekt. Die persönliche Ausdauerleistungsgrenze (Übergang von aerober zu anaerober Belastung) verschiebt sich nach oben, Sie werden leistungsfähiger.

Intensives Training darf nie allzu lange dauern

Bei intensivem Training, hohen Drehzahlen und hoher Geschwindigkeit verschiebt sich die Ausdauerleistungsgrenze nach oben

● Die Pausenlänge zwischen Teilstücken sollte anfangs etwa so lange wie die intensiv gefahrene Teilstrecke sein. Später kann sich die Pausenlänge verkürzen. Diese Trainingsform bringt nicht nur einen positiven Trainingsreiz, sondern Sie erarbeiten sich damit gleichzeitig ein hervorragendes Tempogefühl, was wiederum im Gruppentraining wirksam werden kann.

Intensives Training durch Serientraining: 12–15 Wiederholungen während einer Trainingseinheit

Die einzelnen Teilstücke sollten je nach Trainingsmoral und -ziel zwischen 200 und 1000 m, teilweise gar bis zu 5000 m differieren. Während einer Trainingseinheit ist es jedoch sinnvoll, stets nur eine Distanz in vielen Wiederholungen zu fahren. Diese Teilstücke soll-

Kraftverteilung bei gleichbleibendem Tempo Tempo

Teilstrecken-Training zur Erarbeitung eines guten Tempo-Gefühls. Intensives Tempo über Hügel, wobei das Ende erst dann kommt, wenn das Rad bereits wieder »rollt«

ten Sie je Serie 3–5mal hintereinander wiederholen, danach ca. 15 Minuten locker weiterfahren, um anschließend eine zweite oder gar dritte Serie anzuschließen.

Mit dieser Trainingsform fahren Sie, sofern motiviert, sicherlich beim ersten Versuch zu schnell. Auf den weiteren Teilstrecken reduzieren Sie die Geschwindigkeit etwas, da Sie ja auch noch das fünfte Tempo fahren möchten. Durch diese Anpassung, die Sie fast bei jedem Training aufs neue erleben, erkennen Sie am günstigsten Ihre persönliche Leistungsfähigkeit.

Eine erhöhte Belastung ergibt sich zusätzlich durch Steigungen am Ende jedes einzelnen Tempos

● Als Erschwernis können Sie die einzelnen Tempi auf der Landstraße so anlegen, daß jeweils zum Ende eine »Bodenwelle« oder Steigung enthalten ist, über die Sie mit vollem Einsatz bei möglichst gleicher Geschwindigkeit wie auf der Ebene fahren. Die intensive Phase sollte dabei erst enden, wenn es bereits bergab, zumindest eben weitergeht. Ihre Maschine sollte dabei »rollen«, während Sie Ihren Krafteinsatz reduzieren können.

Mit einem solchen »Hügel« innerhalb eines intensiv gefahrenen Teilstückes simulieren Sie den Belastungsumfang eines Führenden in einer mit hohem Tempo gefahrenen »Reihe«. Auch dort steigt der Krafteinsatz zum Führungsende überproportional an.

Junge Rennfahrer und Bahnfahrer müssen Ihre Tretgeschwindigkeit an die Wettkampferfordernisse anpassen. Bei ihnen sind, bedingt durch die Wettkampfart, Umdrehungszahlen von durchschnittlich 125/min erforderlich, die

Höchste Umdrehungen sind nur mit guter Bewegungstechnik zu erreichen

im Einzeltraining nur mit reduzierten Übersetzungen zu erreichen sind.

Für eine sinnvolle Grundausbildung eines jungen Rennfahrers, selbst bis zum 3.–4. Jahr als Amateur (21–22 Jahre), muß das Technik-Training des Bewegungsablaufes stets Bestandteil des Vorbereitungs- und Regenerationstrainings sein. Dabei ist es nicht entscheidend, ob dieser Rennsportler Bahn- oder Straßenfahrer wird/ist. Auf das gezielte Training zur Verbesserung der Grundschnelligkeit kann kein zur Leistung motivierter Radsportler verzichten.

Ein Sportler, der auf diese Grundsätze nicht achtet, kann natürlich selbst international einigermaßen erfolgreich sein, doch bleibt die Verweildauer an der Spitze stark limitiert. Nach kurzer Zeit ist ein solcher Athlet »ausgebrannt« und fällt zurück in die Mittelmäßigkeit. Für einen Nachwuchssportler ist dies oftmals der Anlaß, den Rennsport aufzugeben.

6.3 Trainingsvorschläge

Das spezielle Training zur Erarbeitung eines guten Tempogefühls ist nur positiv, wenn immer wieder im individuell maximalen Geschwindigkeitsbereich gefahren wird.

Zur Verbesserung der Grundschnelligkeit sind viele Wiederholungen im submaximalen Leistungsbereich erforderlich

● Je Training sind etwa 12–15 Wiederholungen erforderlich. Bei einer geringeren Anzahl ist die Abstimmung auf das »richtige Tempo« kaum möglich. Voraussetzung sind eben die vielen Wiederholungen, die auch eine gewisse Ermüdung garantieren. Die Ermüdung darf jedoch nie zu stark sein. Bei jedem einzelnen, intensiv gefahrenen Teilstück sollte zumindest ein »submaximales« Tempo möglich sein.

● Es ist günstig, diese Wiederholungen in einzelne Serien von 4–5 Tempofahrten bei verringerter Pausenlänge (etwa gleiche Distanz bei langsamer Fahrt – also 1½fache bis doppelte Erholungszeit) zu unterteilen. Die Pause zwischen den Serien dagegen sollte eine gute Regeneration garantieren und ca. 10–20 Minuten, je nach Kondition, dauern.

Teilstreckentraining ist am günstigsten auf Radrennbahnen durchführbar

Sie finden natürlich auf Ihrer Trainingsstrecke eine sich stets ändernde Topographie vor. Im Freizeitsportbereich ist dies eigentlich auch unerheblich. Die exakte Einhaltung der einzelnen Tempoteilstücke hat dagegen beim Rennfahrer größere Wichtigkeit. Er kann auf Radrennbahnen trainieren – besonders wichtig für einen Verfolger und Viererfahrer – empfehlenswert auch für den Straßen-Vierer-Fahrer. Dort findet er »genormte« Verhältnisse vor, auf der sowohl die intensive Teilstrecken- als auch die Pausenlänge genau festzulegen ist.

Auf der Straße ist Teilstreckentraining auf kurzen Rundstrecken oder im Hin- und Rückverkehr möglich

Auf der Straße dagegen, besonders wenn stets eine kurze Steigung dabei sein soll, muß dies eine kurze Rundstrecke oder gar eine Teilstrecke sein, die wechselseitig (Hinweg intensiv, Rückweg erholsam) zu befahren ist.

Übersetzungen beim intensiven Training:
Das Training wird um so intensiver, je mehr die Umdrehungszahlen ansteigen. Es ist also stets wichtig, reduzierte Übersetzungen, dafür mit diesen um so schneller zu fahren. Rennfahrer bevorzugen deshalb das kleine Kettenblatt und fahren je nach Witterung und Jahreszeit mit 42 × 18 – 16, im Hochsommer gar 15. Der Anfänger kann in vielen Fällen mit diesen für ihn »zu leichten« Übersetzungen nicht fahren – er bekommt zu wenig Druck auf die Pedale. Er muß demnach vorrangig darauf achten, mit »Druck« zu fahren, d. h. die Übersetzungen den persönlichen Fähigkeiten anzupassen. Es kann durchaus sein, daß in einem solchen Falle das große Kettenblatt und auf dem Mehrfachkranz mit 16 oder 17 gefahren werden muß. Mit zunehmender Leistungsverbesse-

rung ist jedoch auch dem Anfänger zu empfehlen, auf die reduzierten Übersetzungen zurückzugreifen. Auch er sollte wenigstens 100–110 Umdrehungen/min im Laufe der Zeit mühelos bewegen und trotzdem noch Druck auf die Pedale bringen können.

● Sowohl für den Rennfahrer als auch für den Freizeitsportler ist wichtig zu wissen, daß derjenige, der stets größere Übersetzungen als seine Partner fahren muß, vorzeitig abbaut. Mit größeren Übersetzungen sind Temposchwankungen, die selbst in den leistungsstärksten Gruppen vorkommen, kaum auf Dauer aufzufangen. Der betroffene Fahrer muß regelrecht am laufenden Band große »Löcher« zufahren – mit einem überhöhten Gang kein leichtes Unterfangen. Vorzeitiger Leistungsschwund ist die Folge.

6.4 Welche Rolle spielt die Windrichtung?

Die Kraft läßt sich nur rationell einteilen, wenn gleichzeitig die Windverhältnisse Berücksichtigung finden. Starker Gegenwind z. B. erfordert einen dosierten Krafteinsatz oder eine deutlich verkürzte Führungslänge. Im Rückenwind dagegen läßt sich fast die maximale Geschwindigkeit oder zumindest submaximale Kraftauslastung gefahrlos erreichen. »Gefahrlos« bedeutet dabei, daß trotzdem noch für die Ablösephase (von der Führung ans Gruppenende) genügend Reserven da sind, Anschluß zu finden. Im Gegenwind dagegen kann diese Phase zum Problem werden.

● Wechselt während der Fahrt durch eine Richtungsänderung die Windrichtung, so muß

Das Tempo des Führenden muß konstant bleiben, auch wenn sich die Windrichtung ändert

Auf der Bahn darf das Tempo im Rückenwind nicht höher sein als das im Gegenwind

dies der »Führende« unbedingt beachten. Vor allem bei anfänglichem Rücken- und zu erwartendem Gegenwind sind Kraftreserven erforderlich, um später noch gut »ablösen« zu können.

Ebenso darf bei einem Windwechsel das Tempo möglichst nicht ansteigen. Z. B. bei Führung aus dem Gegenwind in den Rückenwind hinein sollte dieses konstant bleiben. Auf offenen Radrennbahnen, wo während jeder Runde einmal Gegen- und einmal Rückenwind herrscht, darf der Führende der Rückenwindseite nicht schneller fahren als sein Partner zuvor im Gegenwind. Im Bahn-Vierer kann eine solche Steigerung vorzeitig zum »Aus« führen, da der Fahrer der Gegenwindseite nach seiner Führung nicht gerade frisch ist und zusätzlich im Rückenwind noch einmal mitsteigern muß, also zusätzliche Kraft verbraucht. Meist hat dieser Fahrer, der genug gestraft ist, auch noch den Spott des Schwachen zu tragen. In Wirklichkeit aber ist der »Rückenwindmann« der Schuldige! Auch hier hilft nur Führungsverlängerung, indem nach der Hälfte der Distanz einer der beiden Rückenwindleute eine volle Runde führt und so einen »Windwechsel« vornimmt.

Selbst ein Einzelfahrer, der z. B. bei einem Ausreißversuch auf der Bahn die Windverhältnisse nicht berücksichtigt, ist schnell am Ende seiner Kräfte, wenn er zu stark auf der Rückenwindseite beschleunigt.

Diese Beispiele lassen sich selbstverständlich genauso auf die Straße übertragen. Ohne Beachtung der Windstärke und Windrichtung und entsprechend dosiertem Krafteinsatz bricht auch hier eine Gruppe vorzeitig auseinander.

6.5 Wie verhalte ich mich bei Windböen?

Entgegenkommende Lkw oder Busse erzeugen eine starke Druckwelle

Beim Passieren eines Lkw grundsätzlich den Druck auf die Pedale vergrößern

Windböen sind nur zu »erfühlen«, nicht zu sehen. Es gibt jedoch Situationen, bei denen mit Böen zu rechnen ist. Entgegenkommende Lkw oder Busse erzeugen grundsätzlich eine Druckwelle, welche das Tempo des Radfahrers erheblich beeinträchtigen kann.
Im Moment der Begegnung mit einem »Brummi« ist es empfehlenswert, vor allem in der Gruppe, daß der Führende den Pedaldruck verstärkt, um keinen Geschwindigkeitsverlust hinnehmen zu müssen. Ohne Druckverstärkung würde dagegen das Tempo deutlich absinken. Da in einem solchen Fall eigentlich nur der oder die Führenden betroffen sind, »laufen« die am Hinterrad fahrenden Partner fast blitzartig auf den Vordermann auf. Komplikationen innerhalb der Gruppe könnten die Folgen sein. Außerdem kostet die anschließende Beschleunigung mehr Kraft als das bißchen Druckverstärkung kurz vor und während der Begegnung mit der Druckwelle des Lkw.

71

6.6 Checkliste der Hauptfehler

Fehler	Warum	Lösung
Bei hohem Krafteinsatz fährt der Fahrer stets »Wellen«	a) der Zug am Lenker erfolgt ungleichmäßig b) der Kraftimpuls auf das Pedal kommt zu spät	a) mit beiden Armen gleichmäßig am Lenker ziehen diesen Impuls früher bringen – das Pedal nach vorne schieben und das untere nach hinten ziehen
Nach Kurven kommt ein Fahrer nur schwer in Schwung	die Übersetzung ist zu groß	mit kleineren Übersetzungen fahren oder mehr schalten
Beim Teilstreckentraining ist der Fahrer schon nach der zweiten Wiederholung »sauer«	das Tempo ist zu hoch	von Beginn an das Tempo besser dosieren, d. h. in den folgenden etwas reduzieren
Beim Hügelsprint »übersäuert« der Fahrer zu stark	zu hohes Tempo in der Anfangsphase (Ebene)	auf der Ebene dosiert fahren und erst später den Krafteinsatz erhöhen
Bei jeder Begegnung mit einem Lkw verliert der Radfahrer an Tempo	der Lkw bringt hinter sich eine »Druckwelle« mit, welche das Tempo »drückt«	sowie der Lkw auf gleicher Höhe ist, den Druck auf die Pedale erhöhen
Die Führungslänge in einer Gruppe muß nicht stets gleich lang sein	Konditionsunterschiede würden bei gleicher Führungsdauer das Tempo mindern	es ist sinnvoll, die Führungslänge entsprechend der Leistung zu variieren
Eine Tempobeschleunigung nicht sofort und nicht voll mitfahren	a) die Belastung würde auf die Dauer zu groß b) oftmals wird es kurze Zeit später wieder langsam	a) nur langsam steigern, so bleibt auch das Gruppentempo stabiler b) bei langsamer Steigerung kann das Tempo stabil bleiben

Fehler	Warum	Lösung
Auf der Bahn stets oberhalb des Vordermannes fahren	a) bei Verlangsamung besteht die Möglichkeit zum »Auflaufen« b) bei der folgenden Beschleunigung durch das »Einklinken« von oben in die Reihe ist weniger Kraft erforderlich	grundsätzlich vorerst das Tempo beibehalten. In der folgenden Kurve ist durch den weiteren Weg der Abstand wieder herzustellen
Auf der Bahn nie unterhalb des Vordermannes fahren	zuerst muß zur Reduzierung gekontert und anschließend wieder eine Beschleunigung erfolgen	
In der Doppelreihe auf der Straße nicht ohne »Griff« am Partner umschauen	ohne Festhalten am Partner würde die Fahrlinie verlassen	am Partner abstützen und auf dessen Seite zurückschauen, so entsteht keine Gefährdung

7. Schritt
Taktische Inhalte beim Gruppenfahren

7.1 Allgemeine Grundsätze

Taktik ist das Resultat der erlernten Technik

Den Begriff »Gruppe« gibt es im Radsport, wenn es sich um einen »zufälligen« Verbund im Wettkampf handelt bzw. wenn sich Ausreißergruppen gebildet haben. Die Rennfahrer in einer solchen Gruppe sprechen von der »Reihe«. Schon diese Aussage – »Reihe« – bedeutet Aufforderung und gleichzeitige Zustimmung zum schnellen Fahren. Aus diesem Begriff Reihe resultieren die Einzel-, die Doppelreihe und auch der Kreisel. Training, längere Fahrten in diesen Organisationsformen des Radsport-Alltags verlangen eine relativ gute Grundkondition der Beteiligten. Auf dieser Basis aufbauend kommen Technik und Erfahrung hinzu, die wir als *Taktik* bezeichnen.

Technik muß beim Radsportler automatisiert sein

● Es ist jedoch nur der ein guter Taktiker, welcher seine Radbeherrschung *(Technik)* soweit automatisiert hat, daß er seine Konzentration voll auf das Geschehen in und um die Gruppe richten kann.

7.2 Zu welchem Zeitpunkt kommen die einzelnen Organisationsformen zur Anwendung?

Die drei Organisations-Grundformen finden im Trainingsbereich verschiedene Einsatzgebiete. Sie bilden sich aus dem Fahrt- oder Trainingsziel, der Gruppengröße und der jeweiligen Verkehrsdichte auf der Straße.

● Obwohl der Gesetzgeber mindestens 15 Teilnehmer vorschreibt, ehe eine Gruppe in Zweier-Reihen auf Bundesstraßen fahren darf, ist es nicht immer sinnvoll, die Zweier-Reihe erst ab dieser Gruppengröße zu bilden. Oftmals fährt es sich sicherer, wenn bereits ab sechs Fahrern in Doppelreihe oder Kreisel gefahren wird.

Die Gruppengrößen richten sich nicht nur nach der Anzahl der Teilnehmer, sondern auch nach den Verkehrsverhältnissen

● Auf der anderen Seite ist es auch für den Radler nicht immer sinnvoll, in jeder Situation eine Zweier-Reihe anzustreben. Leider ist es so, daß Radfahrer in Gruppen leicht übermütig und überheblich gegenüber weiteren Verkehrsteilnehmern werden. Zu beobachten ist dies nicht nur bei Jugendlichen!
Für die persönliche Sicherheit ist es erforderlich, das eigene Verhalten den jeweiligen Verkehrsverhältnissen anzupassen. Dazu gehört natürlich auch, daß Gruppenmitglieder auf keinen Fall die Straßenmitte überfahren dürfen.

Die Einzelreihe eignet sich bei Teilnehmerzahlen bis sechs Personen

Einzelreihe: In dieser Formation sollten maximal sechs Personen fahren. Kommt der Wind stark von der Seite, ist bei sechs Personen bereits die Doppelreihe, auf stark befahrenen Straßen der Kreisel zu empfehlen.

Bei schwachem Wind können in einer Doppelreihe unbegrenzt viele Personen fahren

Doppelreihe: Die Doppelreihe kann unbegrenzt Personen aufnehmen, solange alle Teilnehmer direkt hintereinander fahren können. Allerdings sind auch hier Trennungen günstiger, wenn die Gruppe mehr als 25 – 30 Teilnehmer umfaßt. Eine größere Gruppe kann sich zu einem fast unüberwindbaren Verkehrshindernis entwickeln.

Zu große Gruppen werden zum Verkehrshindernis. Deshalb sind auch einer Doppelreihe nur maximal 20 – 25 Personen zu empfehlen

● Der Vorteil der Doppelreihe liegt nicht nur in der günstigen Kommunikationsmöglichkeit mit dem Partner. Anfänger sind in dieser Doppelreihe durch Erfahrene sehr gut zu korrigieren – sie lernen schneller.
Außerdem kann diese Form ein unerhört gutes Trainingsmittel sein. Sie kann zum Prüfstein für manchen Rennfahrer werden, denn gerade

beim Nebeneinanderfahren können sich die einzelnen gegenseitig »auf den Zahn fühlen«.

Kreisel: Der Kreis ist normalerweise eine Wettbewerbsform. Aber auch im Training, speziell auf stark befahrenen Straßen, kann er eine wichtige Organisationshilfe sein. Die Ablösenden bleiben stets in der Doppelreihe. Eine Gruppenverbreiterung unterbleibt.
Der Nachteil des Kreisels ist, daß er ein hohes Maß an Traniertheit und Tempogefühl verlangt – also vorrangig für Geübte geeignet ist.

Auf Hauptverkehrsstraßen ist ab sechs Personen der Kreisel am günstigsten

7.3 Welche Übersetzungen muß ich in der Reihe fahren?

Die Übersetzungshöhe beim Fahren in der Reihe spielt im Prinzip eine untergeordnete Rolle. Wichtiger ist, daß möglichst alle mit gleicher oder annähernd gleicher Übersetzung fahren. Bei Rennfahrern reicht die Spanne vom kleinen bis zum großen Kettenblatt. Die Übersetzungen variieren dabei von 42×17 bis 53×13 (Wettkampf).
Fährt die gesamte Gruppe eine fast identische Übersetzung, ist das Tempo konstanter zu halten als bei unterschiedlicher Übersetzung. Einzelne Fahrer, die mit den vorgegebenen »Gängen« nicht zurecht kommen und bereits zu größeren (schwereren) Übersetzungen greifen müssen, schaffen sich selbst und den Mitfahrern Probleme. Günstiger wäre, eher einen »Zahn« weniger zu fahren.
Selbst eine homogene Gruppe läuft nie in absolut gleichem Tempo. Verlangsamungen und Beschleunigungen sind die Folge, die vom Fahrer mit dem »dickeren« Gang nur schwer zu parieren sind. Der Fahrer mit der geringfügig reduzierten Übersetzung gegen-

In der Gruppe sollen möglichst alle Teilnehmer mit gleicher Übersetzung fahren

Mit zu großen Übersetzungen ist keine Harmonie in der Gruppe zu erreichen

über den Partnern kann Tempowechsel leichter parieren, jedoch ist auch er sicherlich kein Leistungsträger der Gruppe. Er kann jedoch im Training in der Gruppe mitfahren.

Der Schwächere sollte jedoch nicht ständig Führungen auslassen, sondern soll durchaus durch die »Reihe« mit durchfahren und so kurz wie möglich führen.

Junge Rennfahrer trainieren in der Gruppe vorrangig mit dem kleinen Kettenblatt

● In Rennfahrergruppen, vor allem im Nachwuchs- und Jungamateur-Bereich, haben geringe Übersetzungen Vorrang. Bedingt durch die hohen Umdrehungszahlen läuft eine solche Reihe nicht gerade ruhig, sie ist somit für Freizeitsportler nur bedingt geeignet.

Freizeitsportler fahren in der Gruppe mit dem großen Kettenblatt und mittleren Übersetzungen

● Freizeitsportlern ist zu empfehlen, stets mit mittleren Übersetzungen zu fahren. Auf der Ebene können durchaus das große Kettenblatt und Kränze von 15–17 zur Anwendung kommen. Wichtig ist ausschließlich, daß stets Umdrehungszahlen zwischen 80–100 U/min im Freizeitbereich und über 100 U/min im Rennsportbereich vorherrschen.

Durch die erhöhten, jedoch nicht zu hohen Drehzahlen ist ein gleichmäßig ruhiger Fahrtverlauf möglich.

7.4 Was muß ich beim Fahren auf der Windkante beachten?

Die Windrichtung ist an der Neigung der Gräser, dünner Äste oder Büsche erkennbar

Wenn ein »laues Lüftchen« weht, während Sie mit einer Gruppe unterwegs sind, erhält die Windrichtung große Bedeutung. Schon vor dem »Einklinken« in die Reihe sollten Sie wissen, aus welcher Hauptrichtung der Wind kommt. Sie erkennen dies an der Neigung der Gräser oder dünner Büsche und Äste.

● Besonders als Führender dürfen Sie diese Merkmale nicht außer acht lassen. Im Wettbewerb müssen Sie dabei die Fahrlinie so wählen, daß möglichst wenige am Hinterrad fahren können. Im Training dagegen ist es genau umgekehrt.

Da der Wind an der Spitze von allen Seiten zu kommen scheint, ist oftmals die genaue Windrichtung kaum festzustellen. In einem solchen Fall, noch vor dem Einstieg in die Gruppe, hilft nur die Beobachtung solcher »Marken«. Rennsportler prüfen als erstes die Windrichtung, bevor sie losfahren – sie entscheiden bereits dabei im Training über ihre Strecke und ihr Trainingsprogramm, vor Wettkämpfen über die persönliche Taktik.

Es ist sinnvoll, das Training entsprechend der herrschenden Windrichtung zu dosieren

● Die Hauptfahrlinie wählt der Führungsfahrer selbst. Er sollte nur noch durch geringe Korrekturen aufgrund von Hinweisen seiner Hinterleute diese Fahrlinie ändern müssen. Besondere Aufmerksamkeit ist dann notwendig, wenn Richtungsänderungen auftreten. Gerade bei 90°-Richtungsänderungen kommt der Wind nach erfolgter Richtungsänderung aus einer anderen Richtung. Der Führende muß demnach so schnell wie möglich eine andere Fahrlinie wählen.

Rückenwind zu Beginn des Trainings bedeutet Reserven halten für den Rückweg

● Jeder Windwechsel erfordert auch eine sich ändernde Ablöserichtung. Besonders der erste Wechsel in die neue Richtung bedarf besonderer Vorsicht. Anfängern und Freizeitsportlern ist bei Ablösungen in einem solchen Fall zu empfehlen, die Maschine vor dem Herausgehen auch tatsächlich kurzzeitig zu beschleunigen, um wirklich vom Hintermann weg zu sein.

Bei unsicherer Windrichtung muß der Ablösende kurzzeitig beschleunigen, um sich von der Gruppe zu lösen

7.5 Welches sind die richtigen Ablösezeitpunkte?

Die Führungslänge richtet sich stets nach der Kondition der Teilnehmer und dem daraus resultierenden Gruppentempo. Mit zunehmendem Tempo erhält das richtige Timing der Führungslänge besondere Bedeutung. Natürlich sollte bei einer ausgeglichenen Gruppe die Führungslänge der einzelnen Teilnehmer stets etwa gleich bleiben. Dabei kann es durchaus sein, daß bei ruhigem Tempo lange Führungen vorherrschen. Mit zunehmendem Tempo müssen sich diese je nach Geschwindigkeit und Kondition verkürzen.

Die Führungslänge richtet sich neben der Leistungsfähigkeit auch nach den Möglichkeiten zur Ablösung

● Wichtig ist, daß die Kraft stets so rationell wie möglich zum Einsatz kommt. Deshalb ist eine Führung auf der Straße nicht immer genau gleich lang wie die des Vordermannes. Bei hohem Tempo und möglichst rationellster Fahrweise ist es entscheidend, daß die einzelnen Fahrer stets auch den günstigsten Ablösezeitpunkt beachten. Dieser kann durchaus einmal früher, in anderen Situationen auch später kommen.

Der richtige Zeitpunkt ist erreicht, wenn während der Ablösephase ein entspanntes Fahren möglich ist

● Vorrang hat jeweils der rationelle Krafteinsatz, besonders in der Ablösephase, wo sich der Fahrer im »freien Raum« auf dem Weg zum Gruppenende befindet. Steht z. B. zum Führungsende eine Richtungsänderung an, so ist es günstiger, die Führung bis nach erfolgter Richtungsänderung auszudehnen. Die andere Möglichkeit wäre die, rechtzeitig vor der Richtungsänderung aus der Führung zu gehen. Gehen Sie vor einer Kurve oder Kreuzung aus der Führung, kann es sein, daß Sie noch auf dem Wege ans Gruppenende sind, während alle anderen schon in die Kurve einfahren. Liegen Sie außen oder innen neben der Grup-

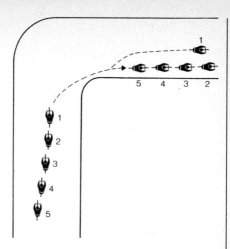

Vor Kurven nicht mehr ablösen

pe, kann dies zu einer Behinderung aller führen. Deshalb ist es günstiger, vor allem wenn man die Strecke nicht kennt (auch wenn aus der Ferne einzusehen), mit der Ablösung zu warten, bis die Kurve durchfahren ist.

In langen oder überhöhten Kurven grundsätzlich nach außen ablösen

● Lange oder gar überhöhte Kurven bieten sich dagegen für Ablösungen hervorragend an. Ergibt sich in der zweiten Führungshälfte die Möglichkeit zu einer Ablösung auf diese Art, so sollte diese an der betreffenden Stelle erfolgen. Hierbei ist es günstiger, auch entgegen der eigentlichen Ablöserichtung, grundsätzlich zur Außenkante abzulösen, um durch einen weiten Bogen schnellstmöglich am Gruppenende Anschluß zu finden.

Ablösezeitpunkte richten sich auch nach den Möglichkeiten der Trassenführung

Auch an Anstiegen variiert die Führungslänge. Fährt die Gruppe z. B. über eine Autobahnbrücke, sollte die Führung grundsätzlich erst auf der Brücke enden und nicht schon im Anstieg. Oben besteht der Vorteil, nach der Führung das Rad laufen zu lassen – ohne Kraftaufwand. Im Anstieg dagegen wäre zusätzliche Kraft, wenn auch reduziert, auf dem Weg ans Gruppenende erforderlich. Natürlich

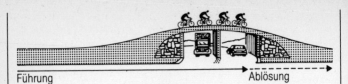

Führung   Ablösung

Bei Brückenauffahr-
ten endet die Füh-
rung grundsätzlich
oben

sollte auch die Führung vor der Brückenauf-
fahrt bereits so lange vor der »Steigung« enden, damit auch diese(r) Fahrer noch vor der
Steigung am Ende Anschluß nehmen können.

● Nur an längeren Steigungen verändert sich
die Führungsdauer gegenüber der auf der
Ebene nicht. Auf Abfahrten dagegen ist es
sinnvoll, die Führungsdauer auf ein gegensei-
tiges Aneinandervorbeirollen zu beschränken.

Auf Abfahrten halten
alle Teilnehmer mehr
Abstand zueinander

Die Gruppenmitglieder fahren dabei nicht
mehr direkt am Hinterrad der Vorderleute, sondern lassen grundsätzlich einen etwas größeren Abstand zueinander.
Durch den Windschatten des Vordermannes
ergibt sich automatisch eine Beschleunigung.
Diese kann, unterstützt durch geringen Krafteinsatz, leicht und schnell zum Vorbeirollen am
Vordermann genutzt werden.
An der Spitze selbst gilt es wiederum,

Ablösungen auf Ab-
fahrten folgen dicht
auf dicht

schnellstmöglich eine Fahrlinie einzunehmen,
die es auch dem Hintermann gestattet, bereits
zum Vorbeirollen anzusetzen. Auf diese Weise
wird kein Fahrer überfordert, während das
Tempo angemessen hoch bleibt.
Würde auf einer Abfahrt nur ein Fahrer an der
Spitze führen, müßte dieser praktisch einen
»Dauersprint« einlegen, damit die Partner ihre
Maschinen im Windschatten nicht zu sehr abbremsen müssen. Dieser Sprint führt zu einer
vorübergehenden »Erschöpfung«. Der betroffene Partner kann zumindest in seiner folgenden Führung nicht mehr so führen wie er
möchte.

Nur ablösen, wenn von hinten kein Fahrzeug kommt

● Ablösezeitpunkte können sich auch durch den übrigen Straßenverkehr verschieben. Auf keinen Fall dürfen Sie ablösen, wenn im gleichen Augenblick ein Fahrzeug von hinten zum Überholen ansetzt oder gar schon überholt. Vor jeder Ablösung ist eine »Rückwärts-Information« erforderlich, um solche Engpässe und somit Gefahrensituationen zu vermeiden. Wer diese Vorsichtsmaßnahme außer acht läßt, begibt sich selbst unnötig in Gefahr.

Auf gut ausgebauten Straßen ist es z. B. oftmals günstig, bei Gegenverkehr die Ablösung zu beginnen, da während dieser Zeit Überholvorgänge von hinten kaum möglich sind. Dies gilt vor allem für die Doppelreihe. Leider überholen viel zu viele Autofahrer Einzelreihen auch bei Gegenverkehr.

Auf stark befahrenen Straßen ist es günstig, bei Gegenverkehr abzulösen – die Gruppe kann dann nicht überholt werden

Fährt ein Autofahrer an eine Gruppe heran, die gerade ablöst, so fühlt er sich oft zu einem Hupkonzert veranlaßt, da er die »innere Ordnung« dieser Gruppe nicht erkennt. Dem Laien erscheint eine Gruppe während der Ablösephase tatsächlich als »ungeordneter Haufen«.

7.6 Eine Gruppe kann trotz unterschiedlicher Kondition »laufen«!

Hauptfehler vieler Anfänger ist, daß sie zu wenig auf den Gruppenrhythmus achten, sondern vielmehr dasselbe tun wollen wie die erfahrenen Kollegen. Sie sehen also vorrangig den vermeintlichen »Trainingseffekt«. Dieser wäre bedeutend größer, würden diese sich anders verhalten. Es ist keine Schande, wenn schwächer Trainierte kürzere Führungen fahren. Ein starker Partner hat immer Verständnis dafür, wenn der Schwächere vorzeitig abgibt. In einem solchen Fall geht auch der Starke mit

Die Führungslänge richtet sich grundsätzlich nach der Kondition des Fahrers

aus der Führung. Dieser hat sicherlich in der Folge noch genügend Zeit, seine Kondition mit einem anderen Partner in das Gruppentempo einzubringen.

● Der Trainingsreiz wird für alle, besonders für die Schwächeren, positiver, wenn das Gruppentempo konstant bleibt. In diesem Fall ergibt sich ein günstigeres Lernerlebnis als in einer wenig homogenen und somit gegeneinander arbeitenden Gruppe (Ziehharmonika-Gruppe).

Starke Fahrer steigern nicht ihr Tempo, sondern verlängern grundsätzlich ihre Führungen

In einer Gruppe ist es nicht wichtig zu zeigen, wer momentan der Stärkste ist. Vielmehr ist im Training wichtig, daß die Gruppe gut »läuft«. Es hat wenig Sinn, nach einem »schwachen« Kollegen das Tempo übermäßig zu steigern, um verlorenes Terrain gutzumachen. Statt dessen ist es sinnvoller, die Führung zu verlängern, damit der »Schwache« eine längere Erholungsphase erhält und als »Mit-Führer« erhalten bleibt.

Auf diese Art sind Führungen innerhalb der Gruppe zu variieren. Auf der Bahn bedeutet dies, jeweils um halbe, volle oder gar mehrere Runden zu verlängern, während der Schwache bedeutend kürzer führt. Auf der Straße dagegen sind Variationsmöglichkeiten leichter anzulegen – jedoch unter Berücksichtigung der Topographie.

Schwache Fahrer bleiben am Gruppenende und lassen Lücken für die anderen

● Schwächere Fahrer können durchaus auch die eine oder andere Führung auslassen. Zu diesem Zweck sollten sie am Gruppenende bleiben. Sie können immer wieder eine Lücke öffnen, um dem Partner den »Vortritt« zu lassen. Besonders wichtig ist dabei, daß der vorzeitig »einklinkende« Partner auf diese Lücke aufmerksam zu machen ist. Verpaßt dieser den Einstieg in die Lücke, kann hinten alles durcheinanderkommen.

Sowie ein Fahrer gerade noch führen kann,

sollte er besser mit der Reihe durchfahren und
an der Spitze so kurz wie möglich führen.
Dadurch hat er mehr Kontinuität im Tempoverlauf, während er beim Lückenöffnen dauernd
verlangsamen oder wieder steigern muß.

7.7 Verhalten in einer Reihe

Grundsätzlich soll jeder Fahrer in einer Trai-
ningsgruppe einen möglichst günstigen Windschatten am Hinterrad seines Vordermannes
einnehmen. Dies gilt aus Sicherheitsgründen
nicht ganz für den oder die Fahrer der zweiten
Reihe.

*Der zweite Fahrer
der Reihe läßt grund-
sätzlich einen gerin-
gen Abstand zum
Führenden*

● Da nie sicher ist, ob der Führende tatsächlich auch in die richtige Richtung ablöst, sollte
die zweite Reihe stets einen geringen Sicherheitsabstand zum Führenden einnehmen. Für
den Fahrer bedeutet dies, daß er zwar seitlich
(entsprechend der Windrichtung) versetzt hinter seinem Vordermann fährt. Das Vorderrad
bleibt beim zweiten möglichst stets hinter dem
Hinterrad des Führenden. Mit diesem Sicherheitsabstand kann durchaus einmal ein Vordermann aus Unkenntnis der Windrichtung auf
die falsche Seite ablösen, ohne daß gleich eine
große Unruhe in der Gruppe entsteht.

*In einer Reihe mit
ungleichmäßigem
Tempo hat Sicher-
heit Vorrang vor opti-
malem Windschatten
– deshalb Abstand
vergrößern*

Erfahrene, aufeinander eingespielte Fahrer eines Vierers halten sich natürlich nicht mehr an
diese Regel beim Wettkampf. Dort hat der
optimale Windschatten bei vollem Risiko Vorrang.
Läuft eine Reihe im Training oder im Wettkampf ungleichmäßig, ist es natürlich sinnvoll,
gebührenden Abstand auch innerhalb der Reihe zu den Vorderleuten zu halten. Spielraum
für die eigene Fahrlinie hat hier Vorrang.

Temposchwankungen in der Gruppe:

Die Fahrweise einer Gruppe entscheidet, wie lange und wie schnell die Beteiligten fahren können. Besonders wichtig ist das Dauertempo, das nach Möglichkeit keinen Schwankungen unterliegen darf.

Tempodifferenzen, besonders bei den Führungswechseln, sind allerdings auch bei den besten Mannschaften nicht vollständig auszuschließen. Bei solchen Tempowechseln kommt es auf das Gefühl der Beteiligten an, ob diese im negativen Sinne wirksam oder fast verschluckt werden können.

Bei Beschleunigungen in der Gruppe die entstehenden Lücken nur langsam schließen

● Jeder Fahrer sollte nach Möglichkeit eine kurze, heftige Beschleunigung an der Spitze nicht mit gleichem Antritt mitgehen. Er muß sich Zeit nehmen, mittels eines weichen Beschleunigens die entstandene Lücke wieder dichtzumachen.

Da meist unerfahrene Fahrer zu Beginn ihrer Führung erst einmal »richtig reintreten«, nach wenigen Metern bereits aber wieder langsamer werden, ist das allmähliche Aufschließen günstiger als das volle Mitgehen. Derjenige, der einen solchen Antritt voll mitgeht, muß meist nach kurzer Zeit bereits die Bremse ziehen, um nicht zu weit aufzulaufen.

So wenig wie möglich innerhalb einer Gruppe bremsen – bei Tempoverlangsamung erst das Rad »rollen« lassen

● Zusätzliche Unruhe innerhalb der Gruppe wäre in einem solchen Fall das Ergebnis. Eine solche Lücke sollte jedoch nicht größer sein als maximal 1,5–2 m. In Anfänger-Reihen entstehen ja des öfteren größere Lücken! Werden diese größer, müssen sie natürlich auch mehr Leistung investieren, um dabei zu bleiben. Tempowechsel sind für den Fahrer stets eine unangenehme Sache. Nach außen hin sind diese allerdings kaum sichtbar. Einzig auf der Bahn, wo die Fahrer auch längere Zeit von der Seite zu sehen sind, sind diese Probleme zu erkennen.

Wer in einer wenig homogenen Gruppe auf der Bahn fährt und sämtliche Steigerungen, zwangsweise auch sämtliche Verlangsamungen mitgeht, kann unmöglich zu seiner maximalen Geschwindigkeit gelangen. Dieser Sportler verliert zuvor so viel Substanz, daß er vorzeitig abbaut.

Auf der Bahn stets geringfügig oberhalb des Vordermannes fahren

Auf der Bahn ist es sinnvoll, in der Reihe stets geringfügig höher als der Vordermann zu fahren (versetzt nach rechts). Es genügen dabei wenige Zentimeter (zwei bis drei Reifenstärken), um bei Verlangsamung der Gruppe ohne Kontern am Vordermann »auflaufen« zu können, gleichzeitig auch keine größere »Welle« auszuteilen. Der Pedaldruck kann bei geringen Tempodifferenzen gar erhalten bleiben – also ruhig neben den Vordermann fahren. Durch den weiteren Weg und die höhere Fahrlinie in der folgenden Kurve ergibt sich automatisch wieder der richtige Abstand.

Bei Verlangsamung nicht »kontern«, sondern am Vordermann »auflaufen«

● Fahrer, welche direkt am Hinterrad fahren, müssen in solchen Situationen zumindest kontern (Gegendruck auf die Pedale). Meist folgt noch eine »tolle Welle«, sehr zur »Freude« der Mitfahrer. Diese werden zusätzlich bestraft, da sie wieder voll beschleunigen müssen, während der oben »Draufliegende« durch das Gefälle auf dem Weg zum Hinterrad die Hilfe der Erdanziehungskraft in Anspruch nehmen kann.

Durch eine höhere Fahrlinie entsteht in der Kurve wieder der alte Abstand

Der Weg unterhalb des Vordermannes (links von ihm) ist soweit wie möglich zu meiden. Nur der in zweiter Position Fahrende kann diesen wählen, um vor der Ablösung des Spitzenfahrers bereits freien Weg zu haben, egal ob dieser sauber geradeaus oder zuerst in einer kurzen Welle (Auftaktbewegung) nach links aus der Führung geht.

Nach Möglichkeit nie unterhalb des Vordermannes fahren

In den weiteren Positionen einer Reihe ist der Weg links vom Vordermann zu meiden. Stecken Sie einmal mit Ihrem Vorderrad unten drin, müssen Sie erst verlangsamen – Sie haben ja den kürzeren Weg – und danach sofort wieder zur Tempoanpassung beschleunigen.

Bahnreihe
Fahrer 1 wird lang-
samer
Fahrer 2 fährt nach
unten, um bei der
Ablöse des Vorder-
mannes nicht behin-
dert zu werden
Fahrer 3–5 »laufen«
seitlich auf
Fahrer 6 fährt auf die
falsche Seite – er
muß »kontern«, und
sowie er wieder am
Ende ist, steigern;
auch er sollte über
seinen Vordermann
bleiben

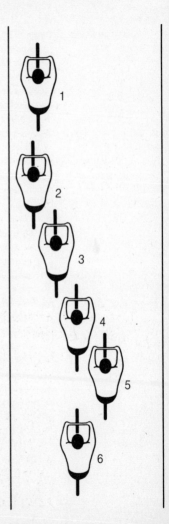

7.8 Umschauen in der Reihe

Vor jeder Ablösung ist es aus Sicherheitsgründen erforderlich, sich nach hinten abzusichern. Dies verlangt, daß der betroffene Fahrer seinen Kopf dreht, um nach hinten schauen zu können. In einer Doppelreihe ist zwar gut ein Seitenblick zu riskieren, doch bei einer größeren Kopf- oder gar Körperdrehung ist die Fahrlinie nicht mehr exakt einzuhalten.

In der Einzelreihe kann an der Spitze nur eingeschränkt, innerhalb der Reihe jedoch überhaupt nicht zurückgeschaut werden. Hier müssen Sie warten, bis Sie entweder in der Ablösephase oder bereits am Gruppenende sind.

Stets nach der Richtung zurückschauen, auf welcher der Partner fährt

● In der Doppelreihe dagegen können Sie sich an der Schulter Ihres Partners festhalten, haben so eine garantierte Geradeaus-Fahrlinie. Es ist dabei günstiger, stets den Blick nach innen (zum Partner hin) zu wenden. Dabei besteht eine stabile Geradeaus-Fahrlinie für Sie, als wenn Sie sich nach außen umdrehen. Sie fahren dabei leicht vom Partner weg, was auch nicht ganz gefahrlos sein kann.

In der Reihe beim Zurückschauen grundsätzlich die Hand auf Schulter des Partners legen

89

7.9 Checkliste der Hauptfehler

Fehler	Warum	Lösung
Trotz guter Vorbereitung hat ein Fahrer Schwierigkeiten, das Gruppentempo mitzuhalten	a) er fährt zu hohe Übersetzungen b) zu niedrige Übersetzungen	a) viel mit kleinen Übersetzungen im Einzeltraining fahren b) stets darauf achten, was die Partner fahren, im Zweifelsfalle genügt ein Zahn mehr (höher)
Vor einer Kuppe ablösen	der Kraftaufwand wäre in der Ablösephase zu groß	besser ist es, auf der Ebene oder bereits auf der Abfahrt abzulösen
Vor einer Kurve ablösen	die Fahrlinie könnte zu »eng« für alle werden	erst nach der Kurve ablösen
Zu lange Führungen auf Abfahrten	vorne muß ein zu hohes Tempo gefahren werden	nur mit Unterstützung des Sogs zum Vordermann und wenig eigener Arbeit am Vordermann vorbeifahren
Bei überholendem Verkehr ablösen	es könnte für alle gefährlich, zumindest eng werden	warten bis der Überholer vorbei ist, dann ablösen
Bei Gegenverkehr ablösen	Überholer müssen in diesem Fall warten	

8. Schritt
Taktikinhalte innerhalb Gruppen bei Wettkämpfen

8.1 Allgemeine Grundsätze
8.2 Anwendung der Gruppentechniken als taktisches Kalkül
8.3 Mit zunehmender Wettkampfdauer verändert sich die Taktik
8.4 Individuelles Verhalten im Feld der Rennfahrer
8.5 Unterwegs in Ausreißergruppen
8.6 Checkliste der Hauptfehler

8.1 Allgemeine Grundsätze

Radsportveranstaltungen, mit Ausnahme von Einzelzeitfahren, sind zwar stets Einzelwettbewerbe, laufen dabei jedoch fast immer im Massenstart ab, wobei sich stets Gruppen bilden (große und kleine). Folglich erhalten auch die Grundtechniken, die Taktik des Fahrens in Gruppen, entscheidende Bedeutung. Bei einem langen Straßenrennen sind beispielsweise die Gegner während der meisten

Im Feld gibt es an der Spitze stets Attacken – R. Altig kontert den Angriff von W. Bölke

Zeit des Wettkampfes aufeinander angewiesen, denn alleine könnten sie kaum die teilweise enormen Distanzen (bis über 200 km) in Stundenmitteln von über 40 km/h durchstehen.

Durch die besonderen Umstände der aerodynamischen Gegebenheiten spielen Wind, Windschatten und taktisches Verhalten unter Berücksichtigung der äußeren Voraussetzungen (Teilnehmerzahl, Rennverlauf) eine bedeutende Rolle.

Im Sog eines Rennfahrer-Feldes verlieren Steigungen an Schwierigkeit

● In einem mit hohem Tempo dahinrollenden Rennfahrerfeld empfindet ein Rennfahrer Steigungen, vor allem in der Anfangsphase, als relativ leicht, da er im Sog des Feldes mit größerer Übersetzung und natürlich höherem Tempo durchfährt als z. B. bei Alleinfahrt.

Durch den Sog des Feldes können selbst noch versierte, jedoch nicht optimal Trainierte lang mithalten.

Viele Rennfahrer sind deshalb bemüht, frühzeitig durch Ausreißversuche Vorentscheidungen herbeizuführen. Solche Ausreißversuche werden durch das natürliche Leistungsgefälle in einem Rennfahrerfeld begünstigt.

Durch Vorstöße und Fahren in Ausreißergruppen entgehen viele dem Streß der Positionskämpfe

Zwangsweise können schwächer Trainierte nicht unbedingt jeden Ausreißversuch mitgehen, so daß sich die Chance erhöht, mit wenigen Partnern (gleichzeitig Gegnern), dem Ziel entgegenzustreben.

Oft werden Ausreißversuche durch Fahrer eingeleitet, denen der Mut fehlt, in einem großen Feld zu fahren. Sie fühlen sich eher in kleineren Gruppen wohl, die gleichzeitig ja auch übersichtlicher sind. Tatsächlich kann man in einem Rennfahrerfeld eingekeilt sein – und muß machtlos mitansehen, wie andere das Rennen (mit)entscheiden.

● Um also aktiv am Geschehen beteiligt zu sein, ist eine fast ständige Präsenz im Vorderfeld des Peletons während des Rennens wichtig. Viele aber drängen regelrecht aus hinteren Positionen nach vorne, um einen solchen Platz zu ergattern, wollen gleichzeitig aber nicht führen. Dadurch herrscht im vorderen Drittel stets ein größeres Gedränge. Auch hieraus ergeben sich Gründe, durch einen Vorstoß dem Feld davonzufahren, um den Streß der Positionskämpfe zu umgehen.

»Windkanten« oder topographische Schwierigkeiten (Steigungen) sorgen zusätzlich für gesplittete Rennfahrerfelder. Dadurch kommt es immer wieder zu neuen Gruppenbildungen – auch von nicht immer Gleichgesinnten (Fahrer mit gleichen Motiven).

Junge Rennfahrer werden leicht zum Opfer »erfahrener« Kollegen

In diesen Gruppen haben Fahrer Vorteile, die taktisch geschickt fahren können.

8.2 Anwendung der Gruppentechniken als taktisches Kalkül

Im Trainingsbereich kommt es darauf an, gemeinsam mit einem Partner ein vorgegebenes Ziel anzustreben, Gemeinsamkeit ist gefragt. Im Wettkampf dagegen soll jeder das Erlernte durchaus anwenden, gleichzeitig aber dem »Gegner«, auch wenn dieser gerade als Partner gebraucht wird, nicht zu viel Spielraum lassen.

Der Wind spielt im taktischen Konzept eine entscheidende Rolle

● Gerade der Wind kann ein wichtiger »Gefährte« im Duell mit den Mitkonkurrenten sein. Der Wind muß im taktischen Konzept eines Rennfahrers Berücksichtigung finden. Mit dem Wind sind mit wenigen Rennfahrern ganze Hundertschaften an Gegnern zu schlagen.

Zur Dezimierung des Feldes lassen die Fahrer der Spitze nur wenig Freiraum für die Fahrer am Hinterrad – die Fahrlinie liegt auf der dem Wind abgewandten Straßenseite

● Im Rennen ist also gerade das umgekehrte Technikverhalten gefordert: Kommt der Wind von rechts, muß der Führende weit rechts fahren. Meist gerade so, daß nur wenige Mitfahrer am Hinterrad bleiben können. Mit dieser Taktik zwingt man automatisch das gesamte Feld auf die Windkante. Es beginnt sich, je nach Windstärke, allmählich oder rasch aufzusplittern. Nun beginnt der Kampf um die Position in einer solchen »Staffel« – es haben ja nur so viele darin Platz, wie es die Straßenbreite und die Fahrlinie der Führenden zuläßt.

Auch bei Windstille verlegen die Führenden ihre Fahrlinie in Richtung Straßenrand

● Ebenso sollte die Fahrlinie an der Spitze eines Feldes stets am rechten oder linken Straßenrand verlaufen, natürlich unter Berücksichtigung der Windrichtung. Gleichzeitig sind dadurch viele Gegner gezwungen, dem Straßenverlauf mehr Aufmerksamkeit zu widmen. Zudem ist der Windschatten dann auch nicht

gerade optimal. Bleibt dagegen die Spitze in
der Straßenmitte, können zu viele Rennfahrer
»mitrollen«, ohne sich groß anstrengen zu
müssen.

8.3 *Mit zunehmender Wettkampfdauer verändert sich die Taktik*

Die Taktik eines Radrennens wird durch die
Leistungsstärke und Anzahl der Teilnehmer,
die Topographie der Strecke und die Witterung
bestimmt. Die Vorentscheidung eines Rennens kann sowohl zu Beginn als auch erst zum
Ende hin fallen. Zu Beginn meist dann, wenn
von Anbeginn an starker Seitenwind herrscht.
Mit zunehmender Renndauer gewinnt auch
die Topographie einer Rennstrecke an Bedeutung.
Bei einer Standard-Situation, geschlossenes
Feld bis über die Hälfte des Rennens, herrscht
in der Anfangsphase ein gewisser Zusammen-
halt, bei dem sich die Fahrer gegenseitig unterstützen. Fast jeder Teilnehmer beteiligt sich an
der Führungsarbeit und genießt natürlich auch
den Windschatten des gesamten Feldes.

*Bei hohem Tempo
sind kaum Fluchtver-
suche möglich*

● Bleibt das Anfangstempo hoch, kommt
kaum ein Fahrer auf die Idee auszureißen.
Sowie aber »Verhinderer« dabei sind, die sich
vor Führungsdiensten drücken, kommt es logischerweise zu Ausreißversuchen. Diese sind
jedoch nur sinnvoll, wenn auch das Umfeld
paßt. Es ist also kaum möglich wegzufahren,
wenn am eigenen Hinterrad ein wichtiger Leistungsträger fährt – es sei denn, der Vorstoß
soll gemeinsam ablaufen.

● Zur Mitte des Rennens hin verstärken sich diese Vorstöße, wobei natürlich in jedem Falle der Erfolg vom »Glück oder Pech« abhängig ist. Werden z. B. Gruppen zu groß, ist dies Signal für weitere Fahrer, unbedingt dabei zu sein, so daß letztendlich das gesamte Feld wieder aufschließt und das Spiel von neuem beginnt.

Es ist durchaus möglich, daß ein Fahrer viele Vorstöße hinter sich hat, und am Ende trotzdem im geschlagenen Feld ankommt. Andererseits passiert es, daß sich bereits beim ersten Versuch der Erfolg einstellt und der Fahrer oder die Gruppe vom Felde wegkommt.

In einer solchen Situation ist es stets wichtig, durch gute Position ins Geschehen eingreifen zu können.

*Ausreißergruppen
sind stets eine An-
sammlung von ein-
zelnen Ausreißern*

● Auch hier ist ein erfahrener Sportler im Vorteil. Er erkennt, wann er fahren muß, um nicht vorzeitig zum Feld der »Geschlagenen« zu gehören.

Wird eine Gruppe zu groß, ist davon auszugehen, daß weitere Fahrer nachsetzen und schließlich das gesamte Feld wieder aufschließt.

Die günstigsten Größen von Ausreißergruppen liegen bei Straßenrennen zwischen 4–8 Fahrern. Größere Gruppen setzen sich nur durch, wenn sie sich während des Rennens durch harten Kampf (Windkante oder lange Steigungen) absetzen konnten.

Zum Renn-Ende löst sich die »Gruppen-Gemeinschaft« allmählich auf. Nun setzen taktische Führungen ein, wobei je nach Anlage und Fähigkeit der »Sprinter« seine Führungslängen reduziert, um Reserven zu haben. Ebenso u. U. auch der »Langsame«, der noch die Hoffnung hat, in einem günstigen Moment zu entwischen.

8.4 Individuelles Verhalten im Feld der Rennfahrer

Im Rennfahrer-Feld achtet jeder Rennfahrer auf eine freie Fahrlinie, weniger auf das dichte Hinterradfahren

Im Rennfahrer-Feld wird gegenüber einer »Reihe« eine veränderte Technik notwendig. Es kommt nun nicht mehr darauf an, so dicht wie möglich am Hinterrad des Vordermannes zu fahren. Jeder sollte vielmehr stets geringen Raum für eigene »Manöver« zur Verfügung haben. Ebenso ist es von entscheidender Bedeutung, daß sich der Sportler nicht nur am Vordermann, sondern bereits viel weiter vorne orientiert. Er muß über die Köpfe der Mitkonkurrenten hinweg sehen können, was auf ihn zukommt, was anliegt.

● Mit guter Übersicht sind frühzeitig mögliche Schwierigkeiten erkennbar und durch rechtzeitige Ausweichmanöver zu mindern. Steht z. B. am Straßenrand ein Fahrzeug, so ist zu erwarten, daß die gesamte Gruppe nach links drängt. Stellt man sich selbst rechtzeitig darauf ein und ändert die eigene Fahrlinie schon frühzeitig, verringert sich die Gefahr für die eigene Person und auch für die Mitkonkurrenten.

Trotz hoher Belastung muß die Konzentration auf ein relativ großes Gesichtsfeld gerichtet sein

● Die meisten Unfälle und Stürze in Wettbewerben häufen sich in Phasen höchster Anstrengung. Gerade auf Windkanten sind in hinteren Positionen meist Fahrer zu finden, die nur noch den Willen haben, sich am Hinterrad ihres Vordermannes »festzubeißen«. Sie sind nicht mehr in der Lage, auf andere Dinge zu achten. Dadurch sind diese Fahrer besonders gefährdet, da sie auftretende Hindernisse meist erst erkennen, wenn es bereits zu spät zum Ausweichen ist.

● Ein Fahrer-Feld setzt sich aus vielen Individualisten zusammen. Auch wenn einzelne

Im Feld Fahrende müssen Hindernisse frühzeitig unterfahren. Dies ist nur mit einer Fahrlinienänderung – notfalls Verlangsamung des Tempos – möglich

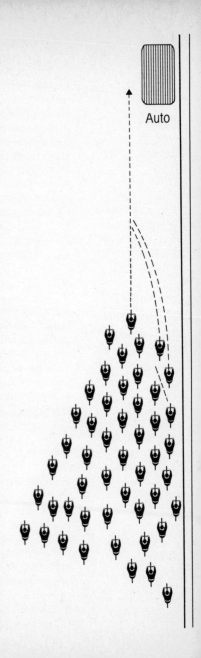

Auto

Ein Fahrer, der am Ende vorne sein will, muß sich aktiv am Renngeschehen beteiligen

Fahrer auf das Wohlwollen ihrer »Freunde« oder »Partner« angewiesen sind, bleiben Radrennfahrer trotzdem »Einzelkämpfer«. Jeder Rennfahrer sucht nach Mitteln und Wegen, während eines Wettkampfes so kraftschonend wie möglich bis ins Finale zu gelangen. Erst dort will er seine letzten Reserven angreifen. Hier ergeben sich die ersten deutlichen Unterschiede – selbst innerhalb der Gruppe der stark motivierten Sportler: Da ist die Gruppe, die mit äußerst hoher Intensität ihre Führungsarbeit verrichtet, um das Tempo hochzuhalten. Außerdem die Erfahrenen, die zwar mitführen, jedoch nur das nötigste tun.

Junge Fahrer brauchen Mut zu häufigen Angriffen, um gegen die Erfahrung der Älteren anzukommen

Als zweite große Gruppe die Fahrer, die versuchen, mit einem Minimalaufwand das beste Reultat zu erzielen. Dies sind meistens Fahrer mit deutlichem Leistungsrückstand, die dementsprechend wenig aktiv sein können.

Die dritte Gruppe bilden die jungen, unerfahrenen Sportler, die natürlich besonders von Fahrern der zweiten Leistungsgruppe, aber auch von den Erfahrungsträgern ausgenutzt werden. Ein Anfänger oder noch junger Fahrer soll natürlich seinem Drang freien Lauf geben und aktiv im Feld mitarbeiten. Er sollte sein Umfeld beobachten und von den anderen lernen. Ab dem Moment, wo er merkt, daß andere nicht allzu gerne führen, muß er die eigene Führungsarbeit reduzieren oder mit Mut und Umsicht in einem günstigen Moment entwischen. Hauptanfänger-Fehler ist, sich so schnell wie möglich in die folgende Lücke wieder einzugliedern. Gerade erfahrene Sportler lassen in einem solchen Falle die »Neulinge« gerne gewähren, um selbst anzugreifen, wenn diese ermüdet sind. Sicherer ist in einem solchen Fall, die eigene Führungsarbeit zu reduzieren. Junge Sportler müssen also auch den Mut finden, sich ins zurückliegende vordere Feld-Drittel einzureihen, statt stets in die kleinste Lücke zu »springen«.

8.5 Unterwegs in Ausreißer- gruppen

Je nach Gruppengröße kommen die Organisationsformen Einzelreihe oder Kreisel zur Anwendung. Je rationeller die Fahrer denken, um so mehr nutzen sie den Kreisel. Ungestüme dagegen kämpfen aus Unwissenheit, oft aber auch nur aus Ungeduld gegen die Kreisel-Formation an.

Ungeduld kann den Gruppenrhythmus zerstören

Natürlich muß eine Gruppe oder ein einzelner Fahrer, der sich gerade vom Feld zu lösen scheint, mit höherer Intensität und höherer Geschwindigkeit fahren. Wenn danach der Abstand zwischen Feld und Ausreißergruppe da ist, läuft es auch hier ruhiger.

Gerade in der Anfangsphase macht der Unerfahrene zu viele Fehler. Er nimmt gerne seinen Partnern zu viel Führungsarbeit ab. Als Folge »läuft« an ihm im Finale das Geschehen oftmals vorbei.

Um sich vom Feld zu lösen, braucht man Fahrer an der Spitze, die im Augenblick des Ausreißversuchs nicht hinterherfahren

Mannschaftstaktik oder »Kombine«?

Das Wind-Strömungsproblem erleichtert es im Radsport nicht, einen schwächeren Gegner einfach »abzuhängen«. Dieser kann durch das Fahren im Windschatten enorm viel Kraft sparen und deshalb lange mitfahren, jedoch nicht führen. Um einen solch »unangenehmen« Gegner abzuschütteln, gibt es natürlich auch das Mittel der Mannschafts-Taktik und der »Kombinen«. »Kombinen« sind Absprachen innerhalb von Mannschaften oder auch nur Interessengruppen (Fahrer, die keiner Mannschaft angehören).

● Für einen Rennfahrer ist wichtig, daß er frühzeitig erkennt, was im Rennen läuft. Er muß also beobachten, ob ggf. der eine oder andere für einen Kollegen »die Beine hochnimmt« (dem Partner hilft, indem er das

Gruppentempo verlangsamt, während der andere angreift).

Stehen starke Sportgruppen oder Vereinsmannschaften am Start, ist dies von vorneherein klar abzusehen. Problematischer wird es bei »Freundes-Gruppierungen«. Der neutrale, ungebundene Fahrer muß nun versuchen, daraus eigenen Nutzen zu ziehen.

Ein einzelner kann sich kaum gegen Mannschaften durchsetzen

● Für ihn ist es am günstigsten, die einzelnen Gruppen genauestens zu beobachten und ggf. einzelne Fahrer zu beschatten, ohne daß diese es merken. Mit diesen kann er versuchen, dem Felde zu entkommen. Das Risiko ist allerdings dabei, daß der »beschattete« Fahrer bei diesem Rennen u. U. nicht zum Zuge kommt. Sind einmal die Leistungsträger »draußen«, so läuft im Feld nur noch sehr wenig. Die »Assistenten« sorgen dafür, daß keine weiteren Fahrer mehr davonfahren können. Sie fahren in einem solchen Falle jeden Ausreißversuch mit, führen aber nicht und zerstören so den Gruppenrhythmus.

Gelingt es trotzdem, alleine oder zu mehreren mit einem solchen »Aufpasser« fortzufahren, fährt man stets mit dem Bewußtsein, daß dieser irgendwann angreifen wird. Allerdings ist es oft immer noch besser mit einem solchen »Verhinderer« zu fahren, als im Feld zu den »Geschlagenen« zu gehören.

Ist man andererseits mit mehreren Fahrern einer »Kombine« unterwegs, so wird man leicht zu deren Spielball.

In einer Gruppe mit mehreren Fahrern einer Mannschaft sinkt die eigene Siegeschance

Es nutzt wenig, z. B. in der Endphase jeden Angriff zu parieren, da sofort der nächste der Kombine angreift. In einem solchen Fall muß sich die eigene »Siegesabsicht« auf das Erreichen eines vorderen Platzes reduzieren – ausgenommen man ist selbst so stark, einer solchen »Kombine« zu trotzen.

8.6 *Checkliste der Hauptfehler*

Fehler	Warum	Lösung
Im Wettkampf nicht stets auf der rechten Seite fahren	bei der Führung soll der Gegner so wenig wie möglich Windschatten haben	stets auf der dem Wind abgewandten Seite fahren – die Führungslinie wird auch hier vom Wind bestimmt
Bei einer Staffelbildung aus hinterer Position nicht am Gruppenende versuchen hineinzukommen	dort herrscht stets ein »Gedränge« – viele Fahrer wollen nicht führen	sofern genügend Leistung vorhanden, ist es günstiger, vom Gruppenende zur Straßenmitte zu »sprinten« und dort Anschluß zu suchen
In Fluchtgruppen stets auf gleiche Führungsanteile achten	ausgeruhte Gegner können leicht angreifen	sind Fahrer in der Gruppe, die wenig führen, grundsätzlich hinter diesen einordnen, auch wenn sie Lücken lassen
Auch im Feld stets Freiraum zum Fahren suchen	durch rechtzeitige Fahrlinienänderung sind Gefahren vermeidbar	allmählich die Richtung ändern, indem das Vorderrad auf die andere Seite des Vordermannes zu bringen ist
Nach erfolgter Ablösung nicht sofort in jede Lücke hineinfahren	Führungen werden zu häufig	stets bei Gruppen ans Ende, im Feld wenigstens ins erste Drittel zurückfallen lassen
Schalten beim Angreifen nicht vergessen!	ohne Schalten zu großer Kraftaufwand	durch rechtzeitiges und sinnvolles Schalten läßt sich viel Kraft sparen

9. Schritt
Wettkampftips für Tri-Athleten

9.1 Allgemeine Grundsätze

Trotz Zeitfahren gibt es im Triathlon viele Gruppenbildungen

Der Radrennsport kennt Zeitfahren als Einzel- oder Mannschaftswettbewerbe. Alle Fahrer starten dabei in regelmäßigen Zeitintervallen. Rennfahrer fahren zumindest in der Startphase lange alleine und können ihr Tempo finden. Anders ist es beim Triathlon-Wettbewerb, wo nach dem Schwimmen keine Differenzierungen in der Startreihenfolge mehr möglich sind. Die Teilnehmer bestimmten den Zeitabstand zu ihren Gegnern durch ihre Schwimmleistung. Dadurch kann es passieren, daß des öfteren mehrere Athleten fast gleichzeitig oder mit geringsten Zeitabständen den Radwettbe-

In Gruppen ist ein eigener Rhythmus nur schwer durchzusetzen

werb beginnen. Zwangsweise bilden sich dadurch Gruppen, auch unbeabsichtigt, obwohl dies nicht Reglement-gerecht ist.

Manch einer mag glauben, daß ein solcher Zusammenschluß für den Athleten von Vorteil ist. In Wirklichkeit aber muß dieser seinen individuellen Rhythmus an eine solche Gruppe anpassen und überfordert sich selbst, zumindest fährt er nicht rationell genug. Er kann viel von seiner Leistung einbüßen. Besonders beim Einholen von Gegnern versuchen die Eingeholten den »Einholer« zu halten und zwingen sich selbst einen anderen, ungewohnten Rhythmus auf. Gleichzeitig zwingen sie auch den »Einholer« zu einem veränderten Rhythmus. Diese Veränderung kann leistungsmindernd wirken.

Gerade beim Triathlon-Wettbewerb beginnt ab dem im Wettbewerb augenblicklichen Zweitplacierten die Jagd auf den Spitzenreiter. Der Radwettbewerb läuft demnach nach anderen Kriterien ab, als das Einzel-Zeitfahren der Radrennfahrer.

Das Zeitfahren des Tri-Athleten ist durch viele Rhythmus-Wechsel geprägt

● Der Triathlet muß sich an seine Konkurrenten anpassen. Er muß durch die ständigen »Begegnungen« laufend den eigenen Rhythmus wechseln, um Gegner abschütteln zu können. Er benötigt eine gute »Beweglichkeit«, die er durch unterschiedliche Übersetzungen zusätzlich stützen kann. Er muß nicht nur schnell fahren, sondern auch überraschende Zwischensprints einlegen können, um seine Gegner schnell zu passieren.

Der mit gleichmäßigem Rhythmus fahrende Athlet verzweifelt dagegen oft an den am Hinterrad hängenden »Kletten«, denn auch er fühlt sich in seiner Leistung eingeschränkt, sobald ein »ungebetener Gast« mitfährt. Dieses »Mitfahren« verstärkt sich im Triathlon-Sport in zunehmendem Maße, da die Leistungsdichte immer enger wird.

9.2 Triathlon-Rad-Kleidung

Triathlon-Kombis eignen sich nur bei warmer Witterung

Für die Tri-Athleten gibt es inzwischen hervorragende Kombinationen, die für alle drei Disziplinen gleichermaßen geeignet sind. Diese Modelle haben allerdings den Nachteil, daß sie »Schönwetter-Anzüge« darstellen. Sie sind tatsächlich nur bei sehr günstiger Witterung in dieser Form zu tragen. Sicherlich wäre noch immer ein Kleider-Wechsel zwischen den einzelnen Disziplinen recht sinnvoll, doch kostet er sehr viel Zeit.

Ein trockenes Sitzleder ist auf Dauer auch für den Tri-Athleten günstiger

Trotzdem empfehlen wir bei kühler Witterung, zumindest nach dem Schwimmen, einen trockenen Rad-Dress anzuziehen. Auch wenn der Tri-Athlet die üblichen Sitzbeschwerden des Radrennfahrers nicht so stark kennt, bleibt er sicher nicht frei von ähnlichen Blessuren.

Triathlon-Kleidung

● Wichtig ist vor allem bei kühler Witterung, eine sachgerechte Radsportkleidung zu tragen, denn sehr schnell ist der Athlet unterkühlt und kann die gewohnte Leistung nicht bringen. Durch die »Vorkühlung« des Wassers und später zu dünner Rad-Kleidung heizt der Athlet beim Radfahren nicht genügend auf, um volle Leistung bringen zu können. Der Körper benötigt bei Unterkühlung zu viel an Energie, was wiederum zum vorzeitigen Leistungsverlust führt. Bei Kühle ist durchaus zu empfehlen, zu Beginn des Radwettbewerbs vorübergehend wärmere Kleidung zu tragen, und zwar so lange, bis die Beinmuskulatur warm ist.

Ist das Wasser kühl, empfiehlt sich beim Radfahren anfangs warme Kleidung

● Wird der Oberkörper durch zu dünne Kleidung und Fahrtwind unterkühlt, können sich die Beine nicht genügend erwärmen, da das Blut bereits im Oberkörper nicht die erforderliche »Betriebstemperatur« erreicht.
Aus diesem Grund unsere Empfehlung, nach dem Schwimmen ein Kurzarm- und evtl. darüber noch ein Langarm-Trikot zu ziehen. Damit haben Sie die Möglichkeit, später Schicht für Schicht je nach Außentemperatur abzunehmen. Außerdem sind durchaus »Beinlinge«, evtl. gar noch Überschuhe über den Rennschuhen empfehlenswert. Speziell bei Regen sollten Überschuhe obligatorisch sein. Im Frühling oder an sehr kalten Tagen können Thermojacken gute Dienste leisten.
Im Training sollte eine solide, der Witterung angepaßte Kleidung bevorzugt werden. Grundsätzlich empfehlen wir ein schweißsaugendes Unterhemd unter dem Trikot. Je nach Außentemperatur müssen Sie dazu noch weitere »Kleiderschichten« überziehen. Zusätzliche Schichten sind dabei günstiger als Anoraks oder Regencapes. Der Körper kann durch die Gewebe der einzelnen Trikots die Temperatur besser regulieren als unter einer zu dichten Jacke.

Mehrere Schichten übereinander lassen sich bei zunehmender Wärme leicht ablegen

9.3 Übersetzungen im Wettkampf

Intensive Belastung beim Radfahren mindert die Leistungsfähigkeit beim Laufen

Im Rad-Zeitfahren des Triathlon-Wettbewerbs soll natürlich bei jedem Teilnehmer möglichst eine Top-Leistung herauskommen. Allerdings darf beim Radfahren die Belastung nur gerade so hoch sein, daß anschließend auch noch die Laufstrecke mit genügend Leistungsreserven zu bewältigen ist.

Dieser Mittelweg ist durch vernünftige Übersetzungswahl relativ sicher zu erreichen.

Reduzierte Übersetzungen und erhöhte Drehzahlen sind günstiger als hohe Übersetzungen

● Erinnern wir uns noch einmal an den 2. Schritt dieses Buches. Dort haben wir den Kraftaufwand des Radlers bei unterschiedlichen Geschwindigkeiten beschrieben. Zwar bleibt der rechnerische PS-Wert bei allen Geschwindigkeiten gleich, doch ist er subjektiv mit unterschiedlicher Belastung zu erreichen.

● Einmal können Sie mit großen Übersetzungen und hohem Krafteinsatz fahren. Zum anderen können Sie mit geringeren Übersetzungen, gleichzeitig höheren Trittgeschwindigkeiten und erhöhter Organbelastung denselben Wert erzielen.

Mit reduzierten Übersetzungen schaffen Sie sich allerdings bessere Voraussetzungen. Sie halten mit den reduzierten Übersetzungen für die Laufstrecke wichtige Reserven zurück. Bei reduzierten Übersetzungen erreichen Sie keine zu hohen Lactat-Werte, und so bleibt Ihnen eine relativ hohe Elastizität Ihrer Muskulatur erhalten. Fahren Sie dagegen mit großen Übersetzungen, also auch mit hohem Krafteinsatz, so steigen automatisch die Lactat-Werte, Ihre Muskulatur übersäuert und wird unelastisch. In diesem Fall haben Sie beim anschließenden Laufen lange Zeit Schwierigkeiten.

Dicke Gänge bringen auch »dicke Beine«

● Generell sind die etwas reduzierten Übersetzungen günstiger zu fahren. Der Tri-Athlet
hat dadurch die Möglichkeit, seine Mitstreiter
besser im Griff zu behalten. Die etwas reduzierten Übersetzungen ermöglichen eine ela-
stische Fahrweise, bei der Tempowechsel
nicht so schwer wiegen wie z. B. mit hohen
Übersetzungen. Die Elastizität muß Vorrang
haben, denn jeder Rhythmuswechsel ist mit
enormem Einsatz verbunden. Würden dabei
zu hohe Übersetzungen eingesetzt, wäre der
vorzeitige Leistungsabfall unvermeidbar.

Übersetzungshöhe:

Da die individuelle Leistungsfähigkeit eines
jeden Athleten anders ist, können wir kaum
Empfehlungen aussprechen. Wir wollen uns
bei unseren Richtlinien an die erforderlichen
Umdrehungszahlen der Kurbeln halten, an denen Sie selbst im Eigentraining Ihre »idealen«
Übersetzungen finden müssen.

*Die Übersetzungs-
höhe richtet sich
nach den erforderli-
chen Kurbelumdre-
hungszahlen*

● Ein Radrennfahrer fährt bei einem Einzel-
Zeitfahren mit Kurbelumdrehungszahlen zwischen 90 und 100 U/min. Diese Zahlen können an Steigungen auf bis zu 60/min absinken.
Nur bei diesen U/Zahlen fährt er mit einer
guten Bewegungsökonomie.
Der Rennfahrer versucht, beim Zeitfahren die
Umdrehungszahlen möglichst ständig auf gleichem Niveau zu halten. Als Topographie-Aus-
gleich nutzt er die unterschiedlichen Übersetzungen seiner Schaltung. Je gleichmäßiger er
fährt, um so günstiger und um so länger kann
er schnell fahren.
Ein Tri-Athlet sollte sich ebenfalls an die Richt-
werte des Rennsportlers halten. Seine Übersetzungen liegen dann wahrscheinlich etwas
niedriger als beim Rennfahrer.

*Umdrehungszahlen
zwischen 80–90/
min sind auch für den
Tri-Athleten optimal*

● In der Anfangsphase kann der Tri-Athlet
durchaus Drehzahlen zwischen 80 und 90/min

fahren. Seine Übersetzung darf dabei nicht zu groß sein, da hierbei noch nicht der volle Druck da sein sollte. Diese Startphase soll dazu dienen, die Beine beweglich zu machen und den Blutkreislauf auf Touren zu bringen. Erst wenn Sie sich fit und frisch genug fühlen, können Sie die Übersetzungen steigern. Ihre Drehzahlen sollten jedoch 100/min nicht überschreiten, da Sie dann sicherlich zu wenig Druck auf die Pedale bringen können, und Ihr Kraftaufwand nicht mehr im günstigsten Verhältnis zur Leistung steht.

Reduzierte Übersetzungen in der Anfangsphase ermöglichen eine günstige Anpassung

Für einen Trainierten bedeutet dies, daß er von Anfang an auf ebener Strecke mit dem großen Kettenblatt beginnt. Die Kette liegt hinten etwa in der Mitte bei 17–18 Zähnen.

Sicherlich ist es verlockend große Gänge zu fahren, doch leidet dabei automatisch der ökonomische Bewegungsablauf.

9.4 Welche taktischen Möglichkeiten habe ich beim Radwettbewerb?

Alleinfahrt:

Sicherlich findet nicht jeder Triathlon-Radwettbewerb auf vollständig abgesperrten Straßen statt. Deshalb gilt auch hier das übliche Rechtsfahrgebot.

Die Fahrlinie liegt so, daß Überholer grundsätzlich im »Wind« vorbeifahren müssen

Fahren die Tri-Athleten allein auf abgesperrten Straßen, ist durch eine gute Fahrlinienwahl viel Zeit zu gewinnen und Kraft zu sparen.

Werden Sie z. B. von einem Gegner eingeholt, so haben Sie kurzfristig die Möglichkeit, im Windschatten des »Überholers« etwas Luft zu holen. Dies hilft Ihnen sowohl physisch als auch psychisch, vor allem dann, wenn starker Wind herrscht.

● Bereits vor dem Einholen sollten Sie eine Fahrlinie wählen, bei der ein Überholender unbedingt im »Wind« vorbeifahren muß. Kommt also der Wind von rechts, so müssen Sie auf der linken Straßenseite fahren. Kommt er von links, natürlich rechts fahren. Damit ist jeder »Einholer« gezwungen, im Wind vorbeizufahren. Der Eingeholte hat demnach eine günstige Ausgangsbasis, zumindest kurzfristig in den Genuß des Windschattens zu gelangen und ein kurzes Stück mitzufahren.

Gegner ein-/überholen:

Ein Konkurrent, der in Sichtweite vorausfährt, bedeutet für jeden Fahrer eine wichtige Motivationshilfe. Es ist psychisch sicherlich leichter, gegen gleichstarke Gegner einen Rückstand aufzuholen, als diesem davonzufahren. Je länger Sie brauchen, einem Gegner aufzufahren, um so schwieriger wird es, diesen nach dem Einholen auch gleich wieder »abzuhängen«.

Einem Gegner aufzufahren ist leichter, als diesem wegzufahren

Gelingt es nicht, den Gegner auf Anhieb abzuschütteln, kann der für einen kraftschonenden Fahrtverlauf notwendige Rhythmus verlorengehen.

● Sie dürfen grundsätzlich nie in einem Zug an den Gegner heranfahren. Es ist günstiger, in der Endphase vor dem Einholen Zwischenpausen einzulegen – etwas lockerer fahren –, um das nächste Stück in guter Kondition gutzumachen.

Am Gegner grundsätzlich mit viel Schwung – so man kann – vorbeifahren

Cirka 10–20 m hinter dem Vordermann sollte die letzte »Pause« liegen. Sowie Sie etwas erholt sind, greifen Sie an und fahren auf gleicher Fahrlinie des Vordermannes so dicht wie möglich an diesen heran. Während dieser Phase müssen Sie beschleunigen, um mit dem so gewonnenen Schwung am Gegner so schnell vorbeizufahren, damit dieser kaum reagieren kann. Je länger der Gegner nichts hört oder spürt, um so leichter ist dieser zu überrumpeln. Wer sich mit lautem Schnaufen, rasselnder Kette usw. ankündigt, braucht sich nicht zu wundern, wenn er fortan einen Mitfahrer hat. Dieser »wartet« sicherlich schon auf ihn.

● Die günstigste Fahrlinie am Gegner vorbei liegt natürlich auf der Windschattenseite. Beim Einholen also auf der Fahrlinie des Eingeholten

*Gegner einholen/
überholen
Auf der Fahrlinie des
Vordermannes an-
fahren, im Sog be-
schleunigen und
vorbeifahren*

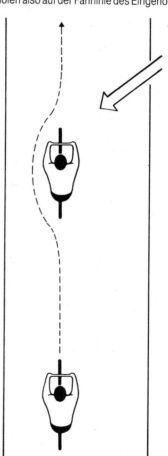

111

*Im Sog des Wind-
schattens eines Ein-
geholten zusätzlich
Tempo während des
»Angriffs« machen*

bleiben. Nach dem Einholen eines Fahrers, der auf der »falschen« Windseite fährt, müssen Sie so dicht wie möglich an diesem vorbeifahren und sofort auf die »Windkante« gehen, damit dieser so wenig wie möglich Windschatten hat. Sie müssen dabei den Fahrlinienwechsel von dem Moment an vornehmen, wenn Sie etwa auf Hinterradhöhe beim Eingeholten sind. Bleiben Sie zu lange neben oder anschließend gar auf der Fahrlinie des Konkurrenten, so kann dieser leicht »mitfahren«.

Fährt der Eingeholte auf der »richtigen« Seite, müssen Sie auch in diesem Fall die Fahrtrichtung während des Einholens weg vom Gegner legen.

● Läßt sich der Eingeholte auf Anhieb nicht abschütteln, hilft vorerst nur, auf den eigenen Rhythmus zurückzugehen. Bleibt er längere Zeit am Hinterrad, so fordern Sie ihn ruhig auf, auch einmal zu führen. »Verweigert« er, müssen Sie versuchen, diesen so schnell wie möglich abzuhängen. Dies beginnt damit, daß Sie Ihr »Standard-Tempo« vorübergehend etwas reduzieren. Ihre Fahrlinie verläuft nun dicht am Straßenrand, damit der Hintermann keinen allzu guten Windschatten findet. Nun müssen Sie auf eine günstige Gelegenheit warten, diesen Partner zu attackieren. Solche ergeben sich nach starken Richtungsänderungen oder am Ende von Steigungen.

Greifen Sie jedoch zu früh an, verlieren auch Sie vorzeitig an Leistung, und der Gegner hat die Chance, weiterhin »dran« zu bleiben.

Sie müssen also vorerst Geduld haben.

Wenig sinnvoll wäre es, wenn Sie Ihren Gegner z. B. zu Beginn einer Steigung attackieren. Dadurch ermüden Sie selbst vorzeitig und der Gegner kann immer noch gut mitfahren bzw. wieder an Ihr Hinterrad »hinrobben«. Günstiger ist es, zum Ende der Steigung oder gar erst nach deren Ende mittels eines »harten« An-

Attacken grundsätz-
lich erst am Ende von
Steigungen oder
nach Richtungsän-
derungen

tritts zu attackieren. Diesen können »ange-
schlagene« Gegner in den wenigsten Fällen
kontern.

Dasselbe gilt vor erkennbaren Richtungsänderungen, denn im Moment, da der Hintermann
ebenfalls hart antreten muß, siegt letztendlich
die bessere Kondition. Ist sie deutlich besser,
kann der Gegner den Windschatten nicht mehr
erreichen.

Meist ist es so, daß Fahrer, die einmal aus dem
Windschatten heraus sind, diesen nicht mehr
erreichen.

Gruppen ein-/überholen:

Noch schwieriger wird es, wenn Sie Gruppen
auffahren. Meist versammeln sich um einen
»Kämpfer« mehrere »Schatten«. Die Ursachen liegen darin, daß der Kämpfer meist nur
ein hohes Tempo fahren kann, Rhythmus-
wechsel dagegen schafft er nicht. Von ihm
eingeholte Konkurrenten haben es leicht, in
dessen Windschatten mitzufahren.

Größere Gruppen
werden stets von ei-
nem Fahrer ange-
führt, der nur einen
Rhythmus fahren
kann

● Fahren Sie an einer solchen Gruppe vorbei, finden sich sofort einige Mitfahrer, die vom
Hinterrad ihres seitherigen »Häuptlings« an
das Ihrige »springen«. Da diese Gegner relativ
frisch sind, ist es sicherlich nicht ganz einfach,
diese abzuhängen.

Eine relativ langsame Gruppe können Sie natürlich beim ersten Anlauf überrumpeln. Sie
benutzen dazu dieselbe Taktik wie gegen den
Einzelfahrer. Klappt dies nicht, müssen Sie
sich an dieses Gruppentempo für einige Zeit
anpassen und wiederum auf die günstige Gelegenheit warten.

In einer Gruppe stets
dafür sorgen, daß je-
der führt

Am besten ist, Sie fahren während dieser Phase durchaus die eine oder andere Führung in
dem vorgegebenen Tempo der Gruppe. Sie
dürfen auf keinen Fall nur im Duo mit diesem
»Häuptling« führen. Sie müssen vielmehr
nach Ihrer Ablösung grundsätzlich ans Grup-

penende zurückgehen, um die eigenen Kräfte zu schonen. Wollen die »Mitfahrer« in der Gruppe verhindern, daß Sie ans Gruppenende gehen, so bremsen Sie regelrecht ab (seitlich an der Gruppe fahrend). Aus Angst Zeit zu verlieren, entscheiden sich dann wenigstens 98% fürs Weiterfahren.

● Der Angriff gegen solche Gruppen muß dann erfolgen, wenn entweder gerade die Schwächsten der Gruppe an der Spitze sind oder das Ende von Steigungen erreicht ist. An längeren Steigungen dagegen genügt u. U. ein zügiges, nicht zu intensives Tempo, um wieder alleine zu sein, zumindest die Gruppe deutlich zu dezimieren. Haben Sie sich endlich von einer solchen Gruppe gelöst, ist es oft gerade der »Häuptling«, der sich dank seiner Kraft (mit seinen »Schatten«) wieder an Sie heranarbeitet. In einem solchen Fall hilft nur zu warten, bis zur nächsten Gelegenheit.

Aus einer Gruppe den starken Fahrer wegfahren lassen und erst dann selbst »wegspringen«

Schafft der »Häuptling« auf diese Art den Anschluß, können Sie es noch einmal probieren, oder Ihre eigene Taktik ändern: Sie suchen das Hinterrad des »Häuptlings« und lassen nach wenigen gemeinsamen Aktionen (abwechselnden Führungen) Zentimeter um Zentimeter »abreißen« (Abstand zum Hinterrad), so daß sich der Führende alleine löst. Hat dieser einen Vorsprung von 20–30 m, so gehen Sie aus der Führung und überlassen den »Mitfahrern« das Feld. Diese versuchen nun den Anschluß alleine herzustellen, während Sie am Hinterrad mitfahren können. Nachdem sich diese »müde« gefahren haben, mit oder ohne Anschluß an den »Häuptling«, muß nun Ihre Attacke folgen. Eine solche Maßnahme ist jedoch nur auf ebener, geradeausführender Straße möglich.

9.5 Übersetzungen bei Attacken

*Bei »Erholungspau-
sen« grundsätzlich
auch die Überset-
zung reduzieren und
die Trittgeschwindig-
keit beibehalten*

Sowie Sie zu einem Gegner auffahren, können
Sie durch die kurzen »Verschnaufpausen«
Luft zur Attacke holen. Sinnvoll wäre dabei,
gleichzeitig die Übersetzung etwas zu redu-
zieren, um diese Pause wirksamer werden zu
lassen. Erst wenn Sie im Windschatten des
Eingeholten sind, können Sie höher schalten
und somit zusätzlichen Druck machen.
Fahren Sie einen Ausreißversuch aus einer
Gruppe oder an dieser vorbei, können Sie zu
Beginn mit dem reduzierten Gang beginnen,
um sich schneller zu lösen. Sobald aber ein
Zwischenraum zwischen dem Gegner und Ihnen liegt, schalten Sie für einige Zeit auf einen
größeren Gang, um damit Raum zu gewinnen.
Erst wenn Sie endgültig vom Gegner weg sind,
gehen Sie auf Ihren »Renngang« zurück.

*Flexibilität wird durch
häufiges Schalten
möglich*

● Beispiel: Ihr Renngang ist im Augenblick
52×16. Diesen reduzieren Sie vor dem Einholen auf 52×17. Nach dem Schwungauf-
nehmen während der letzten Meter hinter dem
Gegner legen Sie wieder 52×16 auf. Haben
Sie etwas Vorsprung, gehen Sie auf 52×15.
Erst wenn Sie 60–70 m Vorsprung haben und
der Gegner wahrscheinlich nicht mehr
»kommt«, gehen Sie wieder zurück auf
52×16!
Fühlen Sie sich topfit, so können Sie natürlich
beim Schwungholen im Windschatten bereits
dort auf 52×15 schalten – meist erschrickt der
Eingeholte noch zusätzlich, wenn er dicht hinter sich die Schaltung hört. Bis er reagiert, sind
sie deutlich vorbei! Dieser Überraschungsef-
fekt funktioniert jedoch nur, wenn der Eingeholte zuvor absolut nichts gemerkt hat! Dasselbe gilt für das Ende von Steigungen, wo Sie
ebenfalls mit einem um einen oder zwei Zähne
erhöhten Gang angreifen müssen.

9.6 Checkliste der Hauptfehler

Fehler	Warum	Lösung
Nach dem Schwimmen friert der Athlet noch lange	durch zu leichte Kleidung dauert die Aufwärmphase zu lange	mehrere Trikots übereinanderziehen – diese danach je nach »Wärme« ausziehen
Kalte Füße bei Regen	durch das Schwimmen bereits ausgekühlt, können sich diese nicht erwärmen	mit Überschuhen und Regencape ist Wärme schneller zurückzugewinnen
Übersäuerung der Beinmuskulatur schon kurz nach dem Beginn des Rad-Zeitfahrens	zu große Übersetzungen in der Anfangsphase	durch reduzierte Übersetzungen müssen die Muskeln auflockern
Nicht an Gruppen mit Gewalt hinfahren	Reserven müssen da sein, um an diesen später vorbeizufahren	den Gegner »schubweise« auffahren (Zwischensprints/ Pausen), zuletzt im Windschatten beschleunigen
Nicht in der Straßenmitte fahren	jeder »Einholer« hat dadurch guten Windschatten	stets den Wind berücksichtigen und so fahren, daß der Einholer im »Wind« vorbeifahren muß
Eine Gruppe nicht mit der »Brechstange« abhängen wollen	die Leistung läßt rapide nach, und die Gegner bleiben trotzdem dran	Hier hilft taktisches Geschick und Geduld: Angriffe nur dann, wenn die Gegner unkonzentriert sind (z. B. am Ende einer Steigung)

10. Schritt
Regeln für Gruppen zur Erhöhung Ihrer Sicherheit im Straßenverkehr

10.1 Allgemeine Grundsätze

Als einzelner Radler bleibt man zwar auf großen Straßen weitestgehend durch Autofahrer unbehelligt. Leider sieht dies jedoch nur nach außen hin so aus. In Wirklichkeit findet sich der Radler bei fast jeder Ausfahrt auf Verkehrsstraßen in Situationen, die vom Autofahrer eingeleitet, zumindest verkehrswidrig sind.

In Gruppen dagegen gibt es des öfteren Dispute mit Autofahrern. Hier wird dem Autofahrer erst bewußt, daß er es mit (vollwertigen) Verkehrsteilnehmern zu tun hat. Da der Autofahrer plötzlich Rücksicht auf die Radler-Gruppe nehmen muß, was ihm bei einem einzelnen Radfahrer selten in den Sinn kommt, fangen viele dieser Zeitgenossen an sich aufzuregen. Tatsächlich aber kann man sich in einer diszi-

In disziplinierten Radler-Gruppen fährt man sicherer als bei Einzelfahrten

117

plinierten Gruppe von Radfahrern sicherer im Straßenverkehr bewegen und auch fühlen, denn als Einzelfahrer.

Wenn auch der Gesetzgeber vorschreibt, daß auf Bundesstraßen erst von 15 Personen an aufwärts die »Doppelreihe« zur Anwendung kommen darf, ist es der persönlichen Sicherheit wegen günstiger, dies bereits schon ab 5–6 Personen zu tun.

Wir können jedoch nicht leugnen, daß es auch unter den Radfahrern (auch Radsportlern) »schwarze Schafe« im Straßenverkehr gibt. Allerdings finden sich diese in praktisch allen Altersgruppen. Leider sind dabei oft die Älteren schlechte Vorbilder für die Jungen!

Ältere Sportler sollten nicht nur im Wettkampf, sondern auch im Verkehrsverhalten Vorbild sein

● Speziell bei Ausfahrten in Gruppen verläßt den einen oder anderen der »gesunde Menschenverstand« – er ignoriert sämtliche Verkehrsvorschriften. Oftmals ist dies der Ausdruck des »Stärke-Gefühls« vermittelt durch die Unterstützung der Gruppe.

Radfahren ist sicher, solange der Radler die Sicherheitsregeln beachtet

● Radfahren kann unerhört viel Spaß machen, wenn sich der oder die Radler an die Sicherheitsregeln hält und auch die StVO beachtet. Läßt er allerdings die Sicherheitsregeln außer acht bzw. sind ihm solche Regeln nicht bekannt, lebt er sehr gefährlich. Natürlich gibt es keinen absoluten Schutz vor Unfällen. Gerade der Radrennfahrer kennt die Risiken des Wettkampfes, aber auch des Trainings. Er ist sich bewußt, daß er durchaus mehrmals in einer Saison zu Fall kommen kann. Er weiß aber auch, daß die Gefährdung, mit Ausnahme von Haut-Verbrennungen und Prellungen, nicht allzu groß ist.

Tragen Sie unbedingt beim Rad-Training einen Helm

● Problematisch wird es erst, wenn Stürze aus eigener Mißachtung der Regeln und Sicherheitsregeln zustande kommen. Noch schlimmer wird es, wenn Unfälle von anderen

Verkehrsteilnehmern ausgelöst werden.

Aus persönlicher Erfahrung empfehlen wir Ihnen deshalb unbedingt, während Trainingsfahrten in Gruppen stets einen Helm zu tragen. Ebenso ist es empfehlenswert, einen solchen auch bei Alleinfahrten zu benutzen.

Nicht nur Anfänger und ältere Sportler sollten einen Helm tragen. Vielmehr ist allen der persönlichen Sicherheit wegen anzuraten, sich auf diese Art zu schützen.

Selbst ein Rennsportler, der im Wettbewerb einen Sturzring trägt, sollte im Training auf den Helm zurückgreifen. Der Sturzring dient als Rutschschutz bei Stürzen im Wettbewerb (meist ohne feste Hindernisse). Im Training dagegen ist die Gefahr von Aufprall-Stürzen deutlich größer. Dann ist es günstiger einen Helm zu tragen, der zumindest den Aufprall etwas mindern kann.

Der Helm der Zeitfahrer dient einer verbesserten Aerodynamik – er ist als Aufprallschutz wenig geeignet

10.2 Gruppen auf Radwegen

Radwege in Ort-
schaften eignen sich
nur bis 15 km/h

Radwege in geschlossenen Ortschaften sind im Regelfall leider nur für sehr niedrige Geschwindigkeiten gebaut. Diese Radwege werden bei mehr als 15 km/h zu regelrechten »Radlerfallen«. Meist sind sie zusätzlich noch so schmal, daß ein Überholvorgang unmöglich und eine Begegnung zwischen zwei Radlern schon zum »Drahtseilakt« wird.

Eine Gruppe kann auf einem solchen Weg nur spazierenfahren. Selbst schon die erwähnten 15 km/h sind dabei zu viel.

Allerdings sollten Angehörige solcher Gruppen auch auf den weiteren Verkehr, insbesondere den der Radfahrer, achten. Es ist fahrlässig, wenn man ins Gespräch vertieft andere Radler schlichtweg mißachtet und diesen keine Chance zum Überholen läßt.

Zügig fahrende
Gruppen sollten auf
wenig befahrene
Straßen ausweichen

Zügig fahrende Gruppen dürfen ihrer persönlichen Sicherheit wegen solche Radwege nicht benutzen. Da sie damit gegen das Radwege-Gebot verstoßen (ist ein Radweg ausgewiesen, muß der Radler auf diesem fahren), ist es besser, generell solche Straßen mit der Gruppe zu meiden und auf andere auszuweichen.

10.3 In Gruppen auf der Straße unterwegs

Aus Sicherheits-
gründen so dicht wie
möglich in Zweier-
Reihe nebeneinan-
der fahren

Sind Gruppen auf Verkehrsstraßen unterwegs, so gilt das Fahren in der Zweier- oder »Doppelreihe«. Die Teilnehmer müssen dabei nicht nur wegen des günstigeren Windschattens, sondern auch aus Sicherheitsgründen so dicht wie möglich nebeneinander fahren. Falsch wäre auf jeden Fall, wenn der linke Fahrer den Mittelstreifen entlang fährt, obwohl der Partner ganz rechts bleibt.

Etwas anderes ist es, wenn Gruppen bei Seitenwind unterwegs sind. Hier sollen durchaus Staffelungen (Windkanten) möglich sein, auch wenn sich viele Autofahrer nicht damit abfinden können.

Niemals mit einer Gruppe den Mittelstreifen überfahren

● Allerdings darf die Gruppe nur so groß sein, daß alle Fahrer auf der rechten Fahrbahnseite bleiben können. Besteht Windstille oder Rückenwind, kann demnach die Gruppe recht groß sein. Bei Seitenwind aber ist sie so weit zu reduzieren, daß selbst während der Ablösung kein Fahrer den Mittelstreifen überfährt.

● Wenn Gruppen ein Begleitfahrzeug mitführen, nehmen die »Hupkonzerte« deutlich ab. Die Autofahrer erkennen dann offensichtlich die Gruppenformation an. Für die Gruppe bilden solche Begleiter einen Sicherheitsschutz. Dabei ist es gleich, ob dieser Begleiter mit dem Motorrad oder dem Auto fährt.

Bei mehr als 20– 25 Teilnehmern empfiehlt sich eine Gruppenteilung

● Eine Gruppe sollte grundsätzlich noch überschaubar sein. Sind einmal 25–30 Personen unterwegs, so ist es zumindest auf stark befahrenen Straßen günstiger, die Gruppe zu teilen. Allerdings müssen die nun geteilten Gruppen wenigstens einen Abstand von 500– 600 m zueinander einhalten, damit die Autofahrer gefahrlos vorbeifahren können. Bei einem Abstand von nur wenigen Metern zueinander würde genau der gegenteilige Effekt erreicht.

Der Abstand der Gruppen sollte wenigstens 500–600 m betragen

10.4 Gruppen vor Ampeln

Zwar verbietet der Gesetzgeber grundsätzlich das Vorbeifahren von Motorrad- oder gar Radfahrern an stehenden Fahrzeugschlangen. Kein »vernünftiger« Radler wartet jedoch in einer langen Schlange bis er an der Reihe ist, über die Kreuzung zu fahren. Würde er beispielsweise zwischen den Fahrzeugen stehenbleiben, wäre sicher schnell ein Autofahrer da, der ihn regelrecht »ausbremst«, um vor diesem Radler zu stehen. Dieser Versuch würde bei jedem Anfahren der Autoschlange gemacht.

Es muß beim einzelnen natürlich nicht so weit führen, daß dieser grundsätzlich an die allererste Position vor einer Ampel fährt, um ggf. zu zeigen, was für ein »toller Kerl« er ist.

Vor Ampeln mit Gruppen nur so weit an Fahrzeugen vorbeifahren, daß die folgende Grünphase gerade noch erreicht wird

● Gruppen dürfen sich schon gar nicht wie Einzelfahrer verhalten. Es ist nicht ungefährlich, mit Gruppen links und rechts an stehenden Fahrzeugschlangen vorbeizufahren. Dagegen ist es sinnvoll, an längeren Schlangen so weit nach vorne zu fahren, daß in der folgenden Grünphase die gesamte Gruppe geschlossen die Kreuzung überqueren kann. Die Gruppe muß geschlossen über die Kreuzung fahren.

● Davon abzuraten ist, daß einzelne Fahrer der Gruppe nach vorne fahren und die anderen irgendwo zwischen den Fahrzeugen stehen. Bis eine solche Gruppe wieder zusammen ist, hat sie bereits ein Chaos verursacht. Wenn Radler auf diese Weise eine Kreuzung überqueren, bringen sie die Autofahrer in Schwierigkeiten. Deshalb ist es stets günstig, beim Anfahren an einer Ampel grundsätzlich hinter dem letzten vorausfahrenden Fahrzeug zu bleiben, jedoch nur, wenn gewährleistet ist, daß die Gruppe in der folgenden Grünphase überqueren kann. Ist dies nicht gegeben, so können die Radler – möglichst auf einer Seite – weiter nach vorne fahren.

An kürzeren Autoschlangen grundsätzlich nicht vorbeifahren, sondern hinter dem letzten Fahrzeug bleiben

● Grundsätzlich sollen jedoch Groß-Fahrzeuge (Lkw, Busse) vor einer Ampel nicht

An Ampeln grund-
sätzlich hinter einem
Lkw bleiben

überholt werden. Die Lenker dieser Fahrzeuge
haben dann freie Fahrt. Würden die Radler
überholen, wäre vom Lkw-Fahrer ein »Drahtseilakt« beim Überholen erforderlich. Es läßt
sich leichter leben, wenn man einem Brummi-
Käpt'n in einem solchen Fall stets den Vortritt
läßt und selbst einige Sekunden länger wartet.
Dem Verständnis untereinander tut dies auf
jeden Fall gut.

10.5 Gruppen an Kreuzungen

Ein einzelner Radler kann sich durchaus in den
fließenden Verkehr einordnen, wenn zwischen
einzelnen Fahrzeugen keine allzu großen Lük-
ken bestehen.
Für eine Gruppe gilt dies nicht mehr. Die augenblicklich Führenden müssen dabei um so
größere Lücken abwarten, je größer die eigene
Gruppe ist.

Gruppen müssen
grundsätzlich die
Kreuzung geschlos-
sen überqueren

● Es muß gewährleistet sein, daß die Radler-
Gruppe grundsätzlich geschlossen die Straße
überquert oder in die neue Richtung einfährt.
Es ist auf jeden Fall falsch, daß einzelne Fahrer
die Straße überqueren, während die weiteren
stehenbleiben. Dadurch wird der Autofahrer
zusätzlich verunsichert. Er weiß ja nicht, was
die noch stehenden Radler vorhaben.
Besser ist es auf jeden Fall, große Lücken
abzuwarten und gemeinsam zu queren.

Auch an Verkehrstei-
lern nicht abkürzen

● Radler haben leider außerdem den Hang
zum ständigen Abkürzen. So gibt es sehr viele,
die grundsätzlich Verkehrsteiler an Kreuzungen mißachten, um auf kürzestem Weg (nach
links) abzubiegen.
Damit begeben sich natürlich Einzelne, grundsätzlich aber Gruppen, in große Gefahr.
Irgendwann einmal übersehen die Radler den

Autofahrer oder dieser den Radler, und es
kommt zu Unfällen.
Sicherer und partnerschaftlicher ist es auf jeden Fall, grundsätzlich die vorgeschriebene
Fahrlinie einzuhalten, Verkehrsteiler zu beachten und zu respektieren.

10.6 Checkliste der Hauptfehler

Fehler	Warum	Lösung
Nicht mit Gruppen auf Radwegen »trainieren«	Radwege eignen sich nur für Geschwindigkeiten bis 15 km/h	Radwege und die dazu gehörenden Straßen meiden
An Fahrzeugschlangen bis an die Ampel vorbeifahren	die Gruppe wird zum Hindernis in der folgenden Grünphase	nur so weit vorfahren, daß gerade noch bei »Grün« zu überqueren ist
An Lkw oder Bussen an Ampeln nicht vorbeifahren	der Radler wird zum Hindernis	warten bis diese beschleunigen, dann selbst fahren
Aus der Gruppe heraus nicht einzeln über die Kreuzung fahren	der Autofahrer wird verunsichert, Komplikationen können entstehen	warten bis die Lücke groß genug ist, um gemeinsam über die Kreuzung zu fahren
An Verkehrsteilern nicht abkürzen	irgend jemand übersieht irgendwann einmal den Radler	stets korrekt rechts an dem Verkehrsteiler vorbeifahren
Walkman beim Radeln eingeschaltet	der Radfahrer hört zu wenig – es kann zu schweren Unfällen kommen	

Hanspeter Lanig

Radsport Kompaß

Die schönsten **Alpenpässe**

Abenteuer mit dem Fahrrad

sportinform

Rudi Altig · Karl Link

Die **10 erfolgreichen Schritte**

Optimale Radsport-Technik 1: Grundlagen

sportinform

Rudi Altig · Karl Link

Die **10 erfolgreichen Schritte**

Optimale Radsport-Technik 2: Für Könner

sportinform

Carl-Jürgen Diem

Die **10 erfolgreichen Schritte**

Der Laufschuh-Ratgeber

Was der Läufer beachten und wissen muß

sportinform

Prof. Dr. Alexander Weber

Fit für das Leben

Seelisches Wohlbefinden durch Laufen

sportinform

Jupp Suttner

Läufer Kompaß

Marathon 1: Von Athen bis New York – die faszinierendsten Läufe der Welt

sportinform

Rosemarie Breuer · Schüder

Fit für das Leben

Für immer schlank durch Bewegungstraining und gezielte Ernährung

sportinform

Prof. Dr. Helga & Manfred Letzelter

Die **10 erfolgreichen Schritte**

Optimales Heimtraining mit Fitnessgeräten

sportinform

Prof. Dr. H. Eberspächer · M. Fanck

Fit für das Leben

Streßausgleich und Entspannung durch Bewegungstraining

sportinform

»**Eine imponierende Buchserie, deren Praxisbezogenheit augenfällig ist. Geschickt in der Präsentation und lehrwirksam aufgebaut, zudem günstig im Preis.**«

Dr. Arturo Hotz, »Sporterziehung in der Schule« (CH)

Eine Auswahl von weiteren sportinform-Taschenbüchern. Das ausführliche Gesamtverzeichnis erhalten Sie im Fachhandel, oder anfordern beim:

sportinform Verlag, Postfach 89, 8024 Oberhaching

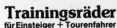

128